AF588682

INSTITUT DES PROVINCES DE FRANCE.

EXPOSITION ARTISTIQUE

A CAEN,

en 1855.

CATALOGUE

PUBLIÉ PAR ORDRE

DE L'INSTITUT DES PROVINCES,

DE L'ASSOCIATION NORMANDE

ET DE

LA SOCIÉTÉ FRANÇAISE POUR LA CONSERVATION DES MONUMENTS.

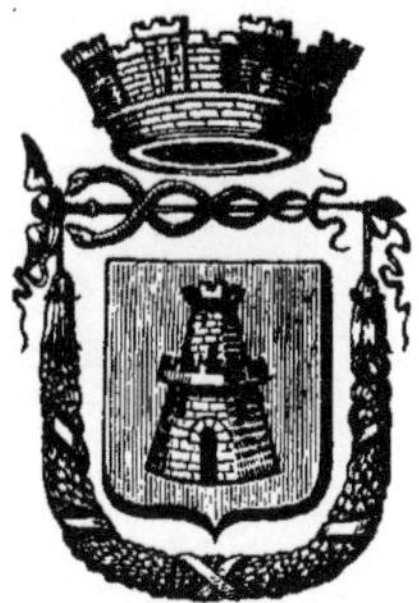

CAEN,

TYP. DE A. HARDEL, IMPRIMEUR-LIBRAIRE,

RUE FROIDE, 2.

1855.

DOCUMENTS

CONCERNANT

LES EXPOSITIONS ARTISTIQUES ET INDUSTRIELLES.

L'Institut des provinces a organisé sur plusieurs points de la France des expositions régionales ; les unes ont eu lieu sous son patronage direct, d'autres ont eu lieu à son instigation ou d'après ses conseils, sous le patronage des Sociétés savantes des divers départements.

Au Congrès scientifique de France, qui se tint à Rennes en septembre 1849, l'Institut présenta un projet de division de la France par régions qui fut adopté et qui groupait ainsi qu'il suit les départements :

RÉGION DU NORD.

Nord.	Marne.	Aube.
Pas-de-Calais.	Meuse.	Vosges.
Ardennes.	Moselle.	Haut-Rhin.
Somme.	Meurthe.	Bas-Rhin.
Aisne.	Haute-Marne.	

Villes dans lesquelles pourront avoir lieu les expositions :

Lille.	Nancy.	Troyes.
Amiens.	Metz.	
Reims ou Châlons.	Strasbourg.	

RÉGION DU NORD-OUEST.

Seine-Inférieure.	Ille-et-Vilaine.	Mayenne.
Eure.	Côtes-du-Nord.	Sarthe.

Calvados.	Morbihan.	Maine-et-Loire.
Orne.	Finistère.	
Manche.	Loire-Inférieure.	

Villes dans lesquelles auront lieu les expositions :

Rouen.	Rennes.	Angers.
Caen.	Nantes.	Le Mans.
Alençon.		

RÉGION DU CENTRE.

Loiret.	Nièvre.	Doubs.
Cher.	Vienne.	Jura.
Yonne.	Haute-Vienne.	Haute-Loire.
Indre.	Deux-Sèvres.	Cantal.
Allier.	Saône-et-Loire.	Creuse.
Indre-et-Loire.	Côte-d'Or.	Puy-de-Dôme.

Villes où auront lieu les expositions :

Orléans.	Dijon.	Poitiers.
Bourges.	Clermont.	Niort.
Moulins.	Limoges.	Tours.

RÉGION DU SUD-OUEST.

Charente.	Tarn.	Gers.
Dordogne.	Aveyron.	Landes.
Gironde.	Aude.	Hautes-Pyrénées.
Lot-et-Garonne.	Pyrénées-Orientales.	Arriége.
Tarn-et-Garonne.	Haute-Garonne.	

Villes où auront lieu les expositions :

Bordeaux	Cahors.	Pau.
Toulouse.	Carcassonne.	Bayonne.

RÉGION DU SUD-EST.

Ain.	Drôme.	Bouches-du-Rhône.
Rhône.	Vaucluse.	Gard.
Ardèche.	Basses-Alpes.	Hérault.
Loire.	Hautes-Alpes.	
Isère.	Var.	

Villes dans lesquelles auraient lieu les expositions :

Lyon.	Avignon.	Montpellier.
St.-Étienne.	Marseille.	
Grenoble.	Nismes.	

Depuis lors, des expositions régionales ont eu lieu dans plusieurs provinces, et si elles n'ont pas absolument suivi les circonscriptions indiquées, elles ont du moins adopté le principe de l'Institut, consistant à ne plus, comme on l'avait fait auparavant, se borner aux produits d'un département exclusivement.

Nous ne mentionnerons ici que les expositions qui ont eu lieu sous la direction immédiate de l'Institut des provinces.

Exposition de Rennes. — L'exposition régionale fut préparée à Rennes en 1849 ; elle embrassa deux grandes séries d'objets : les produits des arts et les produits de l'industrie de quatorze départements. Ce début fut satisfaisant sous tous les rapports, grâce au concours de M. Pongérard, maire de Rennes, et aux efforts de la commission organisatrice. On peut dire même que les résultats furent plus importants qu'on ne l'avait espéré, et la foule immense qui se pressa pendant un mois dans les galeries de l'exposition, prouva que la pensée de mettre en lumière les productions des artistes et des industriels du pays avait trouvé sympathie dans toutes les classes de la société.

Exposition de Lisieux. — En 1850, l'exposition régionale de l'Ouest a été transférée de Rennes à Lisieux, le conseil municipal vota une somme peu considérable, mais suffisante pour les préparatifs de cette exhibition des produits des quatorze départements de la région de l'Ouest.

A Lisieux comme à Rennes, une foule immense n'a cessé de visiter l'exposition pendant un mois, et près de 25,000 personnes ont parcouru les galeries le 10 juin, jour où elles ont été ouvertes pour la première fois.

M. Dumas, alors ministre du commerce, avait bien voulu accorder à l'Institut des provinces une somme de 900 fr. pour l'achat et la gravure des médailles à décerner. Au moyen de cette allocation et d'un supplément fourni par le Président de l'Institut, soixante-dix médailles de vermeil, d'argent, de bronze ont pu être décernées aux exposants.

Il n'était pas possible d'obtenir un pareil résultat à si peu de frais; et sous le rapport de l'économie, il n'y a que les sociétés savantes qui, par le dévouement de leurs membres, puissent faire aussi bien avec aussi peu d'argent.

Deux expositions ont aussi eu lieu dans le centre de la France; l'une à Bourges, en octobre 1849, l'autre à Clermont, en juin 1850.

Exposition de Bourges.— L'exposition de Bourges a été très-importante, grâce au zèle infatigable de M. le baron de Girardot, secrétaire-général de la préfecture de la Loire-Inférieure, et au dévouement de son collaborateur, M. Maréchal, ingénieur des ponts et chaussées. On n'a pas vu sans étonnement les résultats obtenus par ces deux hommes de science, qui n'avaient eu que deux mois pour préparer l'exposition : l'autorité municipale s'était empressée de voter une somme minime, qui pourtant a suffi pour faire face aux dépenses indispensables. Les exposants s'étaient chargés de la décoration des galeries. L'exposition de l'industrie était placée dans l'église des Carmes; les salles du collége renfermaient l'exposition de peinture et de sculpture. L'Institut des provinces a décerné quarante médailles aux exposants.

Exposition de Clermont. — L'exposition de Clermont, organisée au nom de l'Institut des provinces par la Chambre de commerce de cette ville et par MM. Le Coq et Bouillet, se divisait en trois parties, *industrie*, *horticulture*, PEINTURE ET SCULPTURE.

L'exposition de l'industrie était placée dans la halle aux toiles.

L'exposition des beaux-arts comprenait deux galeries à l'hôtel-de-ville, l'une consacrée exclusivement aux vitraux peints, l'autre à la peinture, au dessin et à la sculpture.

Exposition d'Avranches. — La réunion générale de l'Association normande pour les progrès de l'agriculture, de l'industrie et des arts, à Avranches en 1854, fit provoquer, dans cette ville, une exposition artistique, et cette idée fut irrévocablement adoptée dans les conférences particulières auxquelles assista, dans cette ville, M. de Caumont, en avril 1854.

L'exposition artistique d'Avranches fut organisée par l'Institut des provinces et par la Société française pour la conservation des monuments. Cette dernière société consentit à se charger de tous les frais; elle confia la direction de l'exposition à M. E. de Beaurepaire, un de ses membres, juge au tribunal d'Avranches.

Le Congrès agricole industriel et artistique de l'Association normande, dans la séance du 22 juillet 1854, à Avranches, choisit la ville de Caen pour siége de sa session de 1855. Il arrêta, après une longue discussion, à laquelle prirent part MM. Bordeaux, Durécu (de l'Eure), Mabire (de la Seine-Inférieure), que l'*Institut des provinces* et la *Société française* seraient priés d'organiser, à Caen, vers l'époque du Congrès, une EXPOSITION ARTISTIQUE.

M. de Caumont, président de ces deux Sociétés, consentit à se charger d'organiser cette exposition.

C'est en vertu de cette décision du Congrès que l'Institut des provinces publia l'affiche suivante :

EXPOSITION ARTISTIQUE A CAEN,

en 1855.

Conformément à l'autorisation du Conseil municipal de Caen, à la décision prise à Avranches, en juillet 1854, et à l'arrêté pris par l'Institut des provinces, une Exposition de Peinture, de Sculpture, de Dentelles, de Broderies, de Meubles de luxe, etc., etc., etc., aura lieu à Caen, à l'occasion du Congrès régional, agricole, industriel, artistique de l'Association normande.

Cette exposition s'ouvrira le 15 juin 1855, elle comprendra les ouvrages des artistes de tous les départements sans exception.

COMMISSAIRES POUR LA RÉCEPTION DES OBJETS :

	MM.
Paris.	Marquis de Chennevières, inspecteur-général des musées de provinces; Oudinot, peintre, membre de la Société française; A. Darcel, inspecteur de la Société française;
Rouen.	Potier, de Glanville, membres de l'Institut des provinces;
Évreux.	R. Bordeaux, docteur en droit;
Alençon.	De La Sicotière, membre de l'Institut des provinces;
Avranches.	A. de Beaurepaire, juge suppléant;
Rennes.	Alfred Ramé, membre de l'Institut des provinces;
Auxerre.	Challes, membre du Conseil général;
Coutances.	Renault, membre de l'Institut des provinces;
Le Mans.	Hucher, id.
Angers.	Guillory aîné, président de la Société industrielle. Godard-Faultrier, conservateur du musée;
Tours.	Lambron de Lignim, membre de l'Institut:

Moulins. A. de Bure, président de la Société académique de l'Allier ;

Poitiers. L'abbé Auber, chanoine, membre de l'Institut des provinces ;

Nantes. Succ, membre de l'Institut des provinces ;

St.-Brieux. Geslin de Bourgogne, inspecteur des monuments historiques ;

Troyes. Gayot, secrétaire de la Société d'agriculture, sciences et arts ;

Châlons. De Barthélemy, inspecteur des monuments ;

Amiens. Garnier, conservateur du musée.

Une Commission spéciale sera formée à Caen pour la réception des ouvrages présentés directement dans cette ville.

Tous les objets devront être parvenus à l'Hôtel-de-Ville de Caen avant le 10 juin sous peine d'être refusés.

Le Directeur-général de l'Institut des provinces,	Vu par le Maire de Caen, chevalier de la Légion-d'Honneur, membre de l'Institut,
A. de Caumont.	F.-G. Bertrand.

L'Institut des provinces, dans une séance générale tenue à Paris le 26 mars, détermina quels devront être, à l'avenir, les objets admis dans les expositions artistiques et adopta l'arrêté suivant applicable à celle de Caen.

1. Peinture dans toutes ses variétés ; à l'huile, à la cire, aquarelles, miniatures, dessins, etc.
2. Sculpture, statuaire, bas-relief, ornement, etc.
3. Statuaire coloriée, peintures murales, à fond d'or, etc.
4. Architecture, études archéologiques, jardins, etc.
5. Gravure et lithographie dans toutes leurs branches.
6. Photographie.
7. Glyptique, gravure de médailles, intailles, camées, gravure héraldique.
8. Peinture sur verre.
9. Mosaïque.

10. Émaux.

11. Produits de l'art du lapidaire.

12. Verrerie artistique.

13. Céramique, terres cuites, porcelaines, faïences et grès d'ornement, imitations des Poteries ds Palissy et d'Italie.

14. Ivoires.

15. Orfévrerie.

16. Ciselure et damasquinure ; art du monteur en bronze et du fondeur.

17. Ébénisterie et hucherie artistique, incrustations, bois sculptés.

18. Tissus historiés et ouvrés : tapisseries et étoffes à sujets dans le style du moyen-âge.

19. Guipures et dentelles ornementées ; points-coupés.

20. Broderies, art du chasublier et du filigraneur.

21. Typographie de luxe, impression sur vélin et en couleur.

22. Reliure d'art.

En un mot, tous les ouvrages qui relèvent des arts du dessin et qui dépendent du sentiment artistique plutôt que des procédés simplement industriels.

L'avis suivant fut inséré dans les journaux :

MM. les exposants sont invités à joindre à leurs envois, outre leurs noms et adresse, toutes les indications utiles pour la rédaction du livret détaillé et *illustré* qui sera publié.

Pour les ouvrages qui sont l'objet d'une fabrication industrielle, tels que les tissus, l'ébénisterie, les vitraux, les reliures, on devra aussi ajouter le prix de chaque objet exposé.

Quelques copies pourront être admises, surtout si elles reproduisent d'anciennes œuvres d'art, mais, dans ce cas, les exposants sont expressément invités à déclarer qu'il s'agit d'une copie et à indiquer le musée ou la collection où se trouve l'original.

La durée de l'exposition sera de vingt-cinq jours ; elle s'ouvrira le 15 juin et sera close le 10 juillet.

Tous les ouvrages devront parvenir à l'adresse de M. de Caumont, à l'Hôtel-de-Ville de Caen, avant le 10 juin, *terme fatal.*

Arrêté de l'Institut des provinces du 26 mars 1855.

Dans cette séance, l'Institut arrêta que le jury, chargé de décerner les récompenses à l'Exposition artistique de Caen, serait ainsi composé :

1°. Des membres de l'Institut des provinces qui résident à Caen et de ceux qui se trouveront dans cette ville pendant l'Exposition ;

2°. Des commissaires chargés de recevoir les envois dans les différentes villes, conformément au tableau publié sur les affiches (v. la page 10) ;

3°. Des commissaires spéciaux formant à Paris la commission d'admission ;

4°. Des hauts fonctionnaires de Caen et du département du Calvados, Mg[r]. l'évêque, M. le premier président, M. le procureur-général, M. le recteur, M. le général commandant le département, M. le préfet et M. le maire ;

5°. De sept membres de la Société française pour la conservation des monuments et de sept membres de l'Association normande, sociétés qui ont déclaré, à Avranches, en juillet 1854, prendre l'Exposition artistique sous leur patronage.

Les membres de la Société française désignés sont :

MM. le comte d'Houdetot, membre de l'Académie des beaux-arts; Guy, architecte ; de Nozan; Bazin; G. Guilbert; Guillard; de Brébisson.

Les membres de l'Association normande désignés, sont :

MM. Abel Vautier, député ; Mainfroy, commissaire-priseur ; Auvray, architecte; Levavasseur ; G. Rupalley; Verrolles, architecte du département; Valette, fabricant de dentelles.

L'Institut des provinces a désigné pour président du jury M. le comte d'Houdetot, membre de l'Académie des beaux-arts.

Le déballage des tableaux a commencé le 8 juin. MM. Oudinot et Le Harivel du Rocher ont bien voulu s'adjoindre à M. de

Caumont pour diriger le classement, et le 14 juin tout était terminé.

OUVERTURE DE L'EXPOSITION.

Le 15 juin 1855, à midi, M. de Caumont, directeur de l'Institut des provinces, accompagné des membres du jury, a ouvert le salon d'exposition, en présence de M. le Préfet, de M. le Maire, de M. le premier Président, de M. le Procureur général, des autres autorités de la ville et des membres du Conseil municipal, il a prononcé l'allocution suivante :

Monsieur le Maire,

L'exposition artistique que nous ouvrons aujourd'hui ne doit être considérée, pour notre ville de Caen, que comme un essai, comme un premier pas dans une voie qui peut être féconde en bons résultats pour les progrès de l'art et du goût.

Nous avions, avant tout, songé à intéresser le Conseil municipal à la réalisation du projet conçu par l'Institut des provinces, recommandé par l'Association normande et la Société pour la conservation des monuments, l'année dernière, au Congrès provincial tenu à Avranches.

Mais les dépenses extraordinaires faites par la ville, en 1855, ne lui ayant permis de voter aucune subvention pour nous venir en aide, nous nous sommes bornés à garnir les murs de la salle des Réunions publiques, en faisant quelques dispositions peu coûteuses pour la distribution de la lumière.

Ainsi préparé, le local, que nous devons à notre habile architecte, M. Guy, n'avait qu'un défaut, celui d'être trop petit; et, au lieu d'appeler un grand nombre d'artistes, nous avons dû nous arrêter dans la publicité donnée d'abord à notre projet d'exposition. Deux mille tableaux auraient pu, en effet, arriver à

Caen, si l'*Institut des provinces* avait donné l'ordre à ses membres de les envoyer, et si les frais de transport eussent pu être mis à la charge de l'Administration municipale. Or, il eût été difficile d'en recevoir un pareil nombre sans des dispositions spéciales, qui auraient entraîné des dépenses que nous voulions éviter.

Il était nécessaire de mieux définir qu'on ne l'avait fait précédemment, en quoi doit consister une *exposition artistique ;* l'Institut des provinces a publié une instruction à ce sujet et rangé dans vingt-deux catégories les objets qui peuvent y figurer.

Vous allez voir, M. le Maire, que toutes ces catégories ne sont pas représentées ; l'exiguité du local n'aurait pas permis de donner à chaque spécialité l'espace qu'elle aurait pu légitimement réclamer ; toutefois, on peut dire que, par la quantité des tableaux et par la variété des objets, l'Exposition artistique de Caen mérite l'attention des étrangers, qui viendront assister au congrès de l'*Association normande*, le 4 juillet prochain, et qu'elle offre beaucoup d'intérêt pour tout le monde.

Nous avons été puissamment secondés dans le classement des objets par MM. les membres du jury, surtout par les deux artistes éminents, qui sont venus de Paris nous aider de leur coopération dévouée, MM. Le Harivel et Oudinot ; qu'ils reçoivent nos remercîments. Que M. le comte d'Houdetot les reçoive aussi, pour l'empressement avec lequel il s'est rendu au milieu de nous pour présider le jury d'admission.

Il ne nous appartient pas, Messieurs, de déterminer le rang que doit prendre l'exposition artistique de 1855, parmi celles du même genre qui ont eu lieu sous la direction de l'Institut des provinces, à Rennes, à Bourges, à Lisieux, à Clermont-Ferrand, à Avranches et dans plusieurs autres localités ; mais nous espérons qu'elle fera honneur à notre ville de Caen ; que l'art y gagnera et que tout le monde s'applaudira d'avoir pris part à la réalisation du projet conçu par les hommes éclairés que le Congrès provincial réunissait à Avranches, l'année dernière.

Nous vous remercions, Messieurs, d'être venus proclamer avec nous l'ouverture de ce palais des arts et nous vous invitons, au nom de l'Institut des provinces, à jeter un coup-d'œil sur les collections qu'il renferme, avant que le public y soit admis.

M. Bertrand, maire de Caen, a répondu, au nom du Conseil municipal, et remercié M. de Caumont, le jury et l'Institut des provinces des soins qu'ils ont bien voulu prendre pour l'organisation de l'Exposition artistique.

PEINTURES, LITHOGRAPHIES ET DESSINS.

AUBERT (Jean Ernest), né à Paris. Grand prix de Rome en 1845. Quai St.-Michel, 19.

1. Les orphelines (lithographie d'après Hamon).
2. La saison des papillons (lithographie d'après Hamon).
3. Un dessin de l'Héliodore, fait à Rome d'après la fresque de Raphaël.
4. Une aquarelle, d'après le portrait original de Raphaël, à Florence.

BARBAT, de Châlons-sur-Marne.

4 A. Les pierres tombales des églises de Châlons.
4 B. L'église de Notre-Dame-de-l'Épine.

BATTAILLE (Eugène), né à Granville (Manche). Au château de Versailles.

5. Le baiser.
6. La boudeuse.

BAZIN (Alph.), de Caen.

6 A. Un pastel.
6 B. Bully-sur-Orne, mine de plomb.
6 C Château de Vitré, id.
6 D. Clécy-sur-Orne, id.
6 E. Dol. id.
6 F. Aquarelle.
6 G. La Brèche-au-Diable, mine de plomb.

BELLOT (Paul), rue Campagne-Première, 3, à Paris.

7. La Bouquetière.

BERNARD, rue de l'Hôpital, 57, à Rouen.

8. { Stores peints.
{ Verre dépoli peint.

8. { Peinture sur gélatine.
— sur tissu gélatine.

BIZARD.

8 A. Fruits.
8 B. Fruits.
8 C. Nature morte.

BONCHAMP (Mme. la vicomtesse de), née DAIGREMONT-ST.-MANVIEUX.

9. Portrait d'un mendiant de Caen.

BOUET (GEORGES), Peintre, à Caen.

10. Étude de rochers (tableau).
11. Château de Wufflens, près Lausanne (tableau).
12. Portail de l'église Ste.-Trinité de Falaise (dessin appartenant à M. le baron de Cauvigny).
13. Portail de l'église St.-Pierre de Caen (id.).
14. Cathédrale de Lausanne (dessin appartenant à M. Parker, d'Oxford).
15. Château de la Batie.
16. { Porches à San Benedetto.
Travée de l'hôpital de Milan.
Cadran solaire de la cathédrale de Gênes.
Clocher de la chapelle de la Cour, à Milan.
Chapiteau de la cathédrale de Coutances
Chapiteau de l'abbaye d'Ardennes.
Un clou de la porte du baptistère de Parme. } Ces dessins appartiennent à M. Parker, d'Oxford.
17. Abside de l'église St.-Pierre de Caen (lithographie).
18. Rue St.-Jean (lithographie).
19. Projet d'*ex-voto* (dessin).
19 A. Château de la Rivière Thibouville.
19 B. Château de la Rivière Thibouville.
19 C. Abbaye de la Luserne.

BOUQUET (MICHEL).

20. Un paysage, à M. Jules Ravenel.

BOURGEOIS (PAUL), à Falaise, rue d'Argentan, maison Paisant.

21. Offrande emblématique de l'Eucharistie (tableau à l'huile).
22. Sainte Angèle (étude au pastel léger).
23. Une dentellière (étude aux trois crayons).

CAUMONT (De), Directeur de l'Institut des provinces et de la Société française.

23 A. Estampages de plusieurs tombes de St.-Ouen de Rouen.

Les estampages ne sont pas des objets d'art, puisque ce sont des calques ; on les a admis pour montrer le parti que l'on peut tirer de l'estampage à la plombagine sur papier, pour reproduire les dessins des grandes tombes, les ornements en creux, les inscriptions, etc., etc.

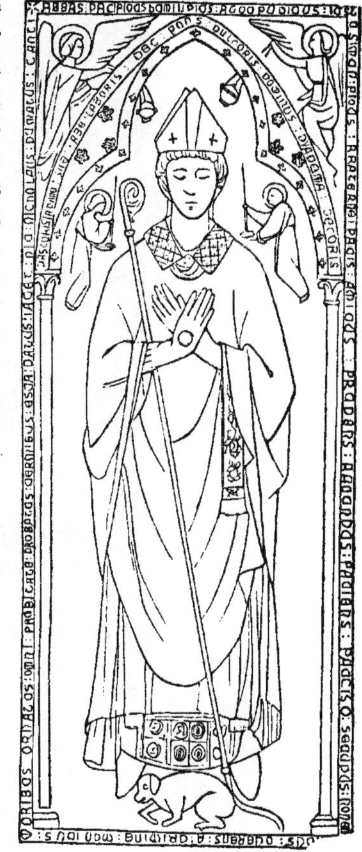

Ce procédé est connu de tout le monde, et pourtant on ne l'emploie pas assez. La Société française le recommande particulièrement à ses membres.

La pierre tombale la plus ancienne est du XIIIe. siècle et représente Nicolas de Goderville, abbé de St.-Ouen. On y voit l'abbé au milieu d'une arcade ogivale subtrilobée, les mains croisées sur la poitrine, la crosse inclinée.

23 B. Monument gallo-romain d'Igel, près Trèves

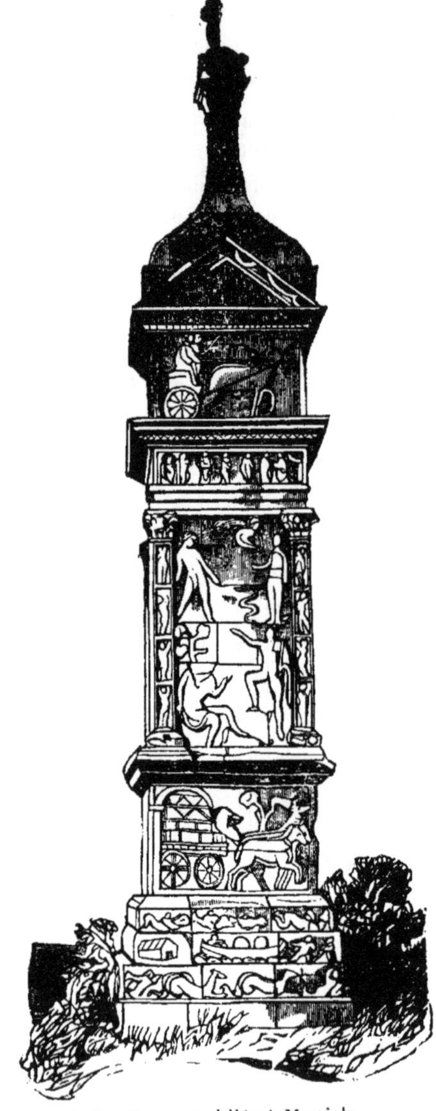

23 C. La carte de Peutinger, publiée à Munich.

23 D. Vue de la porte noire, à Trèves.

23 E. Tissus et émaux en lithocromie, tirés des *Mélanges archéologiques* du R. P. Martin, membre de l'Institut des provinces.

CHALOT (A.), rue d'Entrain, 3, à Rennes.

24. Le soir.
25. Un petit chien basset à jambes torses.
26. Jeune fille donnant à manger à des poules.

CHOUQUET (V.), de Bayeux.

26 A. Tête de femme (copie d'après Delaunay).
26 B. Tableau de genre (composition de l'auteur).

CLÉMENT (Anna) née Delautel, de Montbard (Côte-d'Or), à Paris, rue du Faubourg-St.-Jacques, 27.

27. Sainte Catherine de Sienne, vierge et martyre.
Elle reçoit dans ses mains la tête de Tuldo ou Toldo, jeune noble de Pérouse, qu'elle avait assisté au moment de son supplice.

CLÉRY (Pierre-Édouard), à Paris, rue Oudinot, 20.

28. Funérailles de Robert III, comte de Saluces.
.... Et comme en son vif il avait vendu son âme à Satan, quand il fut mort, il n'y eut prières de moines ni pleurs de femme qui le put arracher des griffes de Satanas, qui prit plaisir à le venir chercher en personne.
(*Chronique du lac de Cosme*).

29. Les nymphes (soleil couchant).

COTARD (Charles), élève de Léon Cogniet, à Caen, impasse Gohier, 2.

30. Jeunes gens faisant de la musique.
31. Vue du lavoir près le moulin St.-Pierre.
32. Sous les arbres.
33 Portrait de M. C. L. D***.

COUVELEY, conservateur du musée du Havre.

34. Oasis, halte d'Arabes.
35. Vue de Bretagne, bas de la rivière de Benodette.
36. Vue de la plage de Granville; appartient à Mme. G.
37. Vue de la rivière de Trouville.
38. Vue de la plage de Trouville.

CURZON (A. de), rue Bonaparte, 13, à Paris.

39. Campagne de Rome (paysage).
40. La cuisine des moines, à Tivoli.
41. Intérieur de ferme en Poitou.

DARCY.

41 A. Marchand de fruits.
41 B. Paysage.
41 C. Un cheval dans une saulaye.
41 D. Les porches.
41 E. Moulins.
41 F. Barque.
41 G. Intérieur.

DAUVERGNE (Anatole), à Coulommiers (Seine-et-Marne), à Paris, rue de Laval, 7.

42. Notre-Seigneur bénissant.— Style du XIIe. siècle. Hauteur : 2m. 60c. Largeur : 1m. 95.

Cette figure colossale, qui occupe le fond de la salle, aurait près de 3m. de hauteur, étant debout. Le peintre s'est conformé à toutes les traditions iconographiques de l'époque romane. Le Christ bénit à la manière latine; sa main gauche repose sur un livre richement orné.—Sous ses pieds, le scabellum et les quatre fleuves.—Auréole ovale, végétale, s'épanouissant en rinceaux romans inspirés de miniatures du XIIe. siècle.

Les quatre attributs symboliques des Évangélistes sont placés dans les tympans de l'ovale et dans l'ordre consacré, au XIIe. siècle comme au XIIIe., sur les monuments les plus considérables et les plus complets. *Ange* et *Lion*, à droite; *Aigle* et *Veau*, à gauche.

Cette peinture est exécutée par le procédé connu sous le nom de la *fresque française*, inventée par M. Chérot, de Rouen, et perfectionnée par M. Duroziez, chimiste de Paris. Ce procédé a l'avantage d'être moins coûteux et d'un emploi plus facile pour les artistes que la cire (improprement appelée encaustique). Il donne les meilleurs résultats comme peinture murale. Solidité, éclat, *mat*, aspect réel de la fresque des anciens.

DAVID.

42 A. La bonne-femme de Normandie.

DE GUER, élève de Pierre Guérin, à Caen.

43. Vue du Moulin de Venoix, près Caen.
44. Abside de l'église St.-Pierre, à Caen, vue prise sur le pont St.-Pierre.—Ce tableau appartient à M. Hubert, conseiller à la Cour.
45. Abside de l'église St.-Pierre, à Caen, messe de minuit.
46. Fabrique de M. Gervais, sur l'Orne; lever du soleil. — On jette le filet.

DELARUE, architecte, au Mans.

47. Dessin mine de plomb d'une des sculptures haut-relief de l'abbaye de Solesme.

DE NOZAN, membre de la Société française, à Caen.

48. Un carton de vitrail, exécuté pour l'église St.-Laurent, à Paris, par M. de Nozan.
49. Un vitrail (ornements, style mauresque), par le même.
50. Un fragment de vitrail (une vierge; restauration des verrières de l'église de Fleurance (Gers).
51. Une miniature de manuscrit, par le même.
52. Portrait d'Eug. Lami, par Paul Delaroche.
53. Une aquarelle (esquisse) par Eug. Lami.
54. Deux gouaches, par Engalières.
55. L'église de Lincoln (Angleterre), grav. par Heath, de Londres.

DESJARDINS (Louis-Joseph-Isnard), né à Paris, élève de Gros et de M. Fauchery.

56. Le jeune Bakhuysen dessinant.—Imitation de peinture à l'huile. Gravure à quatre planches, d'après M. E. Lepoittevin.
57. Le marché sur la plage. — Imitation d'aquarelle. Gravure à quatre planches, d'après M. A. Delacroix.
58. Camélia.—Imitation d'aquarelle. Gravure à quatre planches, d'après Mlle. Girardin.

DROUYN (François-Joseph-Léo), né à Izon (Gironde), inspecteur de la Société française, élève de Louis Many, à Bordeaux, rue St^e^. Sophie, 30.

59. Vue de l'Étang de Cazeau (Landes).

DU MONCEL (le vicomte), membre de l'Institut des provinces, à Caen.

60. Vue de la Bourse, à Caen (lithographie).
61. Dépendance du château de Tourlaville (Manche), (id.).
62. Panorama d'Athènes (lithographie).
63. Quatre lithographies qui sont : 1°. l'Abbaye-aux-Hommes, à Caen, 2°. l'Abbaye-aux-Dames, 3°. l'Acropole d'Athènes, 4°. Sion (Suisse).
64. Une vue de Trouville (dessin).
65. Deux vues d'Etretat, dans le même cadre (dessin).
66. Deux paysages représentant : l'un, la chapelle St.-Arnoult, près Trouville; le second, l'abbaye de Sondallo, dans le Tyrol (dessin).
67. Une vue de Wurzbourg (dessin).
68. Le châlet de M. Cordier, à Trouville (dessin).

DURÉCU, inspecteur divisionnaire de l'Association normande.

68 A. Un intérieur, par Chavet.

68 B. Fleurs par le chevalier Ballue.
68 C. Saint Joseph, émail.

DU TERTRE (Mme.), à Caen.

69. Souvenir de la Loire.
70. Les deux villages de Courtonne, près Orbec (Calvados).

ELOUIS (Ld.), de Caen.

70 A. Canards. Aquarelle, d'après un tableau à l'huile.
70 B. Paysage normand, d'après un tableau à l'huile de Flers.

ENGELMAN et **GRAFF**, rue de l'abbaye, à Paris.

70 C. Riche collection de lithochromies.
70 D. Statuts de l'ordre du St.-Esprit.
70 E. Livres d'heures gothiques.
70 F. La cassette de saint Louis, roi de France.
70 G. Vitraux de l'église métropolitaine de Tours.
70 H. Vitraux de la sainte chapelle de Champigny.
70 I. Lithocromie translucide. Deux panneaux.

D'ESPAULARD, au Mans, membre de l'Institut des provinces.

70 J.
- Grand tryptique; 12 émaux; sujets tirés de la Passion de N.-S. J.-C., XVIe. siècle. Monture moderne. Hauteur 1m. 10c., largeur 90c.
- Deux coffrets en émail, signés *N. Laudin*. Commencement du XVIIIe. siècle. Hauteur 15c., largeur 30c., épaisseur 25c.
- Rétable d'autel, composé de 12 émaux; Pierre Raymond (1540-1582). Monture ancienne. Hauteur 1m. 25c., largeur 90c.

Ferrure de coffre. Fin du XVe. siècle. Hauteur 25c., largeur 25c.

Grand bassin, émail, grisaille représentant la Création, signé *P. Courteus* (Pierre Courtois) (vers 1556). Grand diamètre 52c., petit 42c.

Bassin, émail de couleur sur paillons, représentant Phaéton qui demande à sa mère Clymène s'il est bien le fils du Soleil. D'après une composition de Goltzius. Signé *FrançoisLimosin* (XVIe. siècle). Grand diamètre 42c., petit 32c.

Bassin, faïence française dite de Henry II. Diamètre 40c.

70 J. Tryptique, émail de couleur sur paillons. *Jean Pénicaud l'ancien* (premières années du XVIe. siècle). Largeur 40c., hauteur 25c.

Tryptique, émail de couleur sur paillons; signé *P. R.* (Pierre Raymond) 1568. Largeur 50c., hauteur 45c.

Dyptique, ivoire sculpté; scènes de la vie de N.-S, travail français du XIVe. siècle. Largeur 20c., hauteur 12c.

Flambeau d'église; XIIe. siècle; hauteur 65c.

Croix en cristal de roche, or émaillé et pierreries; travail espagnol du XVIe. siècle.

Pendant de collier d'homme, or émaillé et pierreries; travail espagnol du XVIe. siècle.

Nielle italien, attribué à *Maso Finiguerra* (milieu du XVe. siècle).

EUDES DE GUIMARD (LOUISE), née à Argentan (Orne), élève de M. Léon Cogniet, à Paris, rue Ménilmontant, 5.

71. Esclave Chrétienne. Salon de 1852.
72. Les contes du grand-père.
73. Petites paysannes. Souvenir de Normandie.
74. La lecture.

FAYOLLE (Mlle. Amélie), rue Albouy, 7, à Paris.

75. Un tableau à l'huile intitulé la *Leçon inutile*.
76. Un pastel. Paysanne de Granville (étude).

FOULONGNE (Alfred-Charles), né à Rouen (Seine-Inférieure), à Paris, rue du Bac, 83.

77. Idylle. Secret d'une fleur.
78. Mœlenis chez la sorcière Staphyla.
79. Saint Jean (tête).
80. Le désert. Paysage.
81. Les baigneuses. Dessin.

GAUSSEN, à Troyes (Aube).

81 A. Dessins du portefeuille archéologique de l'Aube, exposé par la Société française.

GESLIN DE BOURGOGNE.

82. Vues des monuments des Côtes-du-Nord, exécutées, d'après des photographies, pour l'ouvrage de MM. Geslin de Bourgogne et de Barthélemy, de St.-Brieux.

GOETHATS (Eugène), Rue du Cancera, 52, à Bordeaux.

83. Environs de Saint-Vaast (Normandie).
84. Animaux.

GOSSE, fabricant, à Bayeux.

84 A. Collection complète de porcelaines peintes de sa manufacture.

GUILLARD (Alfred), conservateur du musée de Caen.

84 B. Testament de Guillaume-le-Conquérant.

Guillaume, sur son lit de mort, entouré de son frère Robert, comte de Mortain, de l'archevêque de Rouen et de plusieurs de ses suffragants, de Gérard, son chancelier, et de Jean, son médecin, fait appeler ses chambellans et leur fait dresser devant lui l'état des effets précieux qui sont dans son trésor : couronnes, armures, livres et ornements sacerdotaux. Il déclare ensuite ce qu'il donne aux églises et aux pauvres, et lègue à son second fils, Guillaume-le-Roux, sa couronne, son sceptre et son glaive.

84 C. La dentellière (appartient à M. M***).
84 D. Portrait de Mme. M***.
84 E. Portrait de Mme. E***.
84 F. Portrait de M. A. de B***.
84 G. Portrait de M. R. de C***, capitaine au 1er. Zouaves (dessin au crayon).
84 H. Jeune fille tenant un chien.

HAMON (J.-L.), rue de l'Ouest, 56, à Paris.

85. L'hiver. Appartient à la manufacture de Sèvres.
86. Les lauriers sont coupés. Deux rondes. (Manuf^re. de Sèvres.)
87. Où sera le bonheur. (Manuf^re. de Sèvres.)
88. Daphnis et Chloé.

A. **HARDEL**, Imprimeur-Libraire, à Caen.

88 A. Spécimens d'illustrations typographiques représentant des statues tombales en bronze et en métal.

Il est impossible de voir, sans un étonnement mêlé d'admiration, les témoins de cette splendeur des arts au XIIIe. et au XIVe. siècle, ces belles statues en métal, fondues d'un seul jet, relevées d'émaux très-brillants, couleurs enrichies de pierreries. (V. la page suivante).

On se fait difficilement l'idée de cette richesse, aujourd'hui que nos monuments funéraires consistent dans une simple inscription enchâssée dans un encadrement en pierre aux formes vulgaires et souvent du plus mauvais goût.

Parmi les autres illustrations du *Bulletin monumental* exposées par M. Hardel, on remarque le château de Mailloc, près Lisieux, dessiné sur bois par M. Bouet, et l'entrée du donjon de la Roche-Guyon, gravée sur bois par M. Dietrich, de Paris.

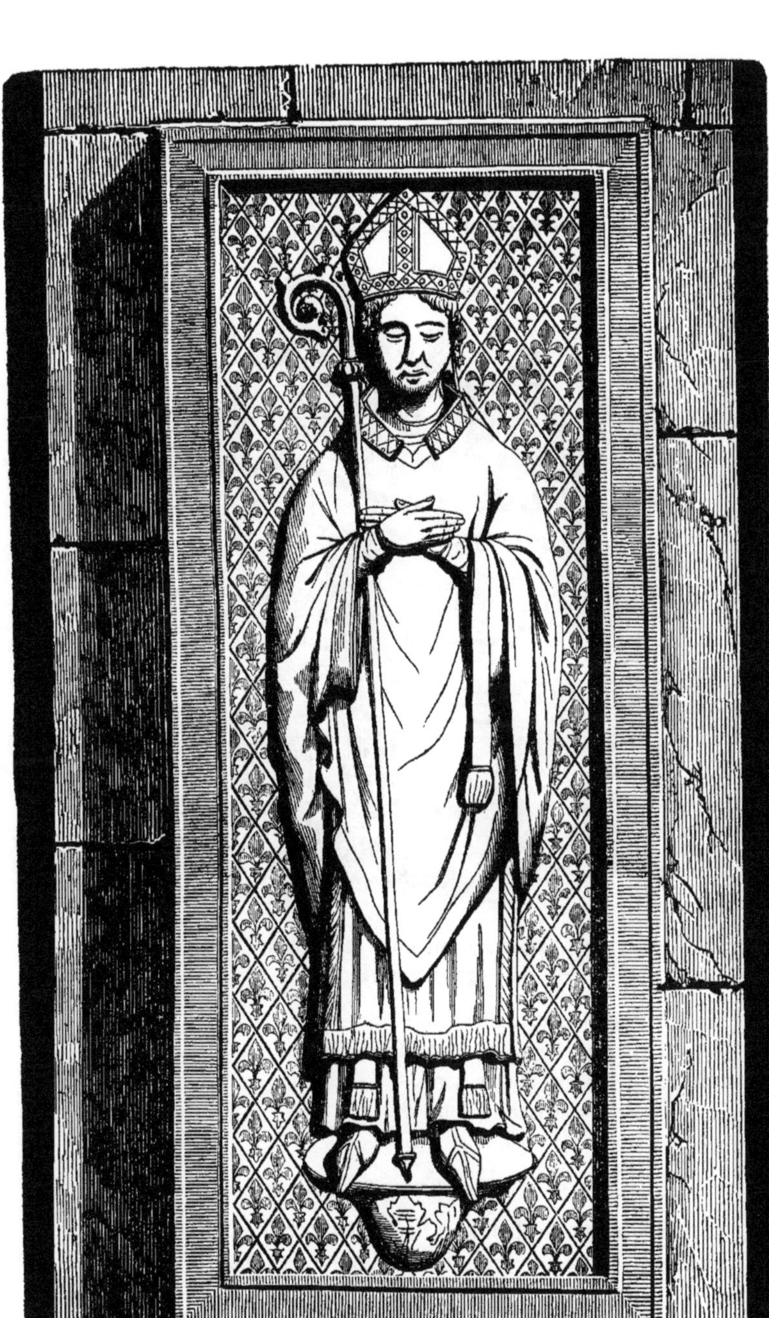

Quelques-unes des autres figures sont encore inédites et destinées au t. IV de la *Statistique monumentale* de M. de Caumont, et aux t. XXII et XXIII du *Bulletin monumental.* Telle est l'entrée du château d'Argouges, près Bayeux, par M. Bouet.

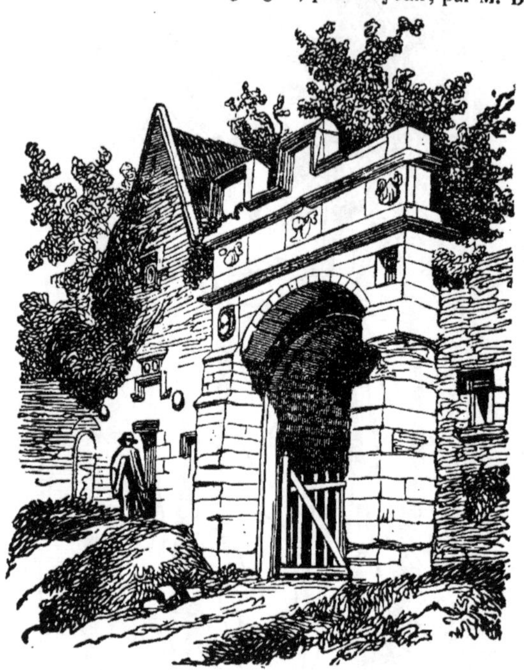

HARPIGNIES (Henry), membre de la Société française, rue du Regard, 7 et 12, à Paris.

89. Le chemin creux. Salon de 1853.
90. La causette. Paysage, effet du matin.
91. Vue prise dans l'ile de Capri.
92. Souvenirs d'Arriccia (Rome).
93. Aquarelle. Paysage.

HEDIN, rue St.-Blaise, 63, à Alençon.

94. Tableau représentant le château d'Alençon du XVIe. siècle.
95. Études sur nature prises aux environs d'Alençon.

HELLOUIN.

95 A. Portrait de l'auteur.
95 B. Portrait de M. ***
95 C. Mendiant.

HUCHER, membre de l'Institut des provinces, au Mans.

96. Trois cartons de vitraux de M. Karl Küchelbuker, de Munich, peintre sur verre, au Mans, attaché à l'atelier extérieur des dames Carmélites du Mans.
97. Une photographie de vitrail en grisailles, par M. Gaumé, peintre, au Mans; photographies obtenues par un procédé qui lui est particulier.
98. Cinq échantillons des planches faisant partie de la deuxième livraison de l'ouvrage sur *Les vitraux peints de la cathédrale du Mans.*

HUET (PAUL), chevalier de la Légion-d'Honneur, rue du Cherche-Midi, 57, à Paris.

99. Les enfants au bois.

JABOUIN, sculpteur, membre de la Société française, à Bordeaux.

99 A. Vue de l'autel en marbre admis à l'exposition universelle.

JACQUAND, peintre d'histoire, à Boulogne-sur-Mer.

100. L'Avare effrayé.

JAMARD (AUGUSTE), capitaine au 3e. de Ligne.

100 A. Intérieur flamand (scène de buveurs).
100 B. La pêcheuse de crevettes, à Cabourg.
100 C. Chaumière flamande.
100 D. Départ pour le marché.
100 E. Camp de Fimby, à Bomarsund (dessin).
100 F. Rembarquement du 3e. de Ligne (dessin).
100 G. Dessin à la plume.
100 H. Dessin à la plume.
100 I. Dessin à la plume.

JOBBÉ-DUVAL.

100 J. Pigeon.

100 K. Fleurs.

100 L. Renard.

JULIEN (Émile), à Caen.

101. Jeu d'enfants au bord d'un ruisseau.

102. Portrait d'homme.

103. Portrait d'enfant.

LAVIEILLE, peintre, rue St.-Martin, 21, à Caen.

103 A. Le mariage de la Vierge, d'après le Pérugin (musée de Caen).

103 B. Ecce Homo, d'après Le Guerchin (galerie Corsini, à Rome).

103 C. M. B. Portrait.

103 D. M. B. d°.

103 E. M. V. d°.

103 F. Apothéose de Louis XVI, d'après Bosio.

LAUTOUR, peintre, à Falaise.

103 G. Portrait de sa mère. — Une dentellière (pastel).

LE CAMUS (Georges), rue aux Lisses, 5, à Caen.

104. Croquis de giroflées (à la gouache).

LE CHEVALIER (P.), hôtel de la Victoire, à Caen.

105. Une dernière bénédiction.

Vieillard bénissant ses enfants et ses petits-enfants.

106. Portrait de M. de C.

107. Portrait de l'auteur.

108. Offrande à Cérès.

LE FRANÇOIS-BORDON, rue des Carmélites, 10, à Caen.

108 *bis*. Porcelaines anciennes et modernes : en Chine, Sèvres, Saxe, services de dessert. Porcelaines montées. Décors appartenant à la maison.

LEGRAIN (Edmond), à Vire.

109. Portrait de Michel Lasne, graveur, né à Caen, en 1596.

Ce portrait est destiné à la bibliothèque publique de Caen.

110. Soliman-ben-Saoud, sultan des Hébreux, reçoit la visite de Balkis, reine des Sabéens (esquisse).
111. Arbres et Rochers, Étude.

LEGRIP (Frédéric), né à Rouen (Seine-Inférieure) à Paris, rue des Marais-St.-Germain, 11.

112. Environs de Rouen, vallée de Bapaume.
113. Entrée du village de Chantemesle (Seine-et-Oise).
114. Environs de la Roche-Guyon. Bords de la Seine.
115. Vue prise au Croisic. Souvenir de Bretagne.
116. Vue prise aux environs de Brest.
117. Ile et grange de la ferme de Haute-Isle (Seine-et-Oise).
118. Iles sur la Seine. Environs de Veteuil, id.
119. Une rue de village, Vexin Normand.
120. Portraits inédits d'artistes français, tirés de l'ouvrage publié par M. Philippe de Chennevières.

LEMAN (Jacques-Edmond), né à l'Aigle (Orne), élève de M Picot, ancien pens. de la ville de Caen.

121. Vittoria Colonna.

Lorsque Vittoria mourut, Michel-Ange en conçut un si violent chagrin « qu'il restait parfois, dit Condivi, comme privé de ses sens. » Il se fit transporter auprès de la dépouille mortelle de son amie, et, après l'avoir contemplée long-temps en silence, il se retira lui donnant un baiser sur la main.

(Vitet, *Études sur les Beaux-Arts.* Poésies de Michel-Ange.)

122. Portrait de M. d'Y.
123. Étude dessinée pour le tableau : les ducs de Guise et de Coligni.

LE NOURICHEL.

124. Le Wetterhorn, entre la vallée de Héli et le Grendelwal (Suisse).

3

125. Vue du château de Creully. (Mine de plomb.)
126. Vue d'un moulin, à Gersey. (Tableau à l'huile.)
127. Chasseurs de chamois; environs de Chamounix. (Tableau à l'huile.)
128. Halte arabe. Scène d'Afrique. (Tableau à l'huile.)
129. Lever de soleil. (Aquarelle.)
131. Vue du château de Lion-sur-Mer. Effet de clair de lune. (Pastel.)
132. Château de Fontaine-Henri. Soleil couchant.
133. St.-Pierre de Caen. Fixe.
134. Vue de St.-Pierre de Caen. (Aquarelle.)
135. Mine de plomb. Italie.

Les **DAMES CARMÉLITES** du Mans

136. Un vitrail du XVIe. siècle. — Commandé par M. Bazin.
137. Des cartons de M. Franz de Rohden, de l'École d'Overbeck, à Rome.

LESPART, de Caen.

138. Plaque porcelaine ; armes des principales villes de Normandie; montée dans un panneau composé et exécuté par le comte Ol. de Bougy.
139. Plaque en lave et porcelaines dans une console sculptée par Douin fils.
140. Diverses porcelaines, armoiries, fleurs et imitations vieux Sèvres et Chine.

LESPART (**Léopold**), élève de **M. Pelfresne.**

140 A. Tombeau de Dumont-d'Urville, cimetière du Sud, Paris.
140 B. Un projet de marché.

LETIMONIER, peintre-décorateur, à Caen, rue de Geôle.

140 C. Paysage. Environs de Domfront (Orne).

140 D. Ornement sur fond vert. Portrait, d'après nature.
140 E. Échantillons de divers marbres français et étrangers.

LE VERRIER (Ch.), architecte, rue St.-Pierre, à Caen.

140 F. Un projet de musée pour la ville d'Amiens.
140 G. Un projet de maison à faire à Caen.
140 H. Un projet de ferme.
140 I. Un projet de restauration de l'hôtel de la Bourse de Caen.

LEROUX (E.), de Caen.

140 J. Défaite des Cimbres.
140 K. Forêt.

LONGCHAMP (Henriette de), rue de Sèvres, 111.

141. Fleurs et fruits.
142. Camélias.
143. Fleurs.

LOTTIER.

143 A. Marine.
143 B. Marine.
143 C. Marine.

LOTTIN DE LAVAL, né à Orbec (Calvados), au château de Trois-Vals, par Bernay de l'Eure.

144. Vue de Duz-Koumati, au pied des montagnes de la Médie, effet de matin.
Appartient à Mme. Gahéry, de Lisieux.
145. Le bazar des Persans à Trébizonde.
146. Halte de Pélerins sous les murs d'un Imâm-Zadé, route de Kandaha (Afghanistan).

MALENSON (Paul), 10, rue des Charrettes (maison Thillard), à Rouen, élève de MM. le baron Gros et Paul Delaroche.

147. La promenade. Toile de 30.

148. La conversation. Toile de 30.
149. Meute. — 12.
150. Départ du chenil. — 10.
151. Chasse en plaine. — 8.
152. Paysage et figures. — 8.
153. Paysage et figures. — 8.
154. Le repos à la chasse. — 1.

MALLAY, architecte diocésain, inspecteur de la Société française pour la conservation des monuments, à Clermont (Puy-de-Dôme).

155. Plans et élévations des principales églises de l'Auvergne. (Quinze feuilles.)

MARIONNEAU (Charles), élève de MM. Drolling et Léon Fleury, à Bordeaux, rue Neuve, 35, et à Paris, rue du Cherche-Midi, 93.

156. Promenade de Virgile.

Et moi, je jouissais d'une retraite obscure,
Je m'essayais dans Naples à peindre la nature...

(*Les Géorgiques*, liv. IV, traduction de Delille.)

MATHIEU (Auguste), rue Chaptal, 15, à Paris.

157. Intérieur d'une église de village (*Souvenir de Picardie*).

MAZEROLLE, à Paris, rue du Rocher, 43.

158. Intérieur d'artiste.

MERCIER fils, Peintre, à Paris, rue de Seine, 27.

159. Vue d'un lavoir, à St.-Pierre, près Némours (Seine-et-Marne).

MEYNIER, à Paris, rue du Rocher, 43.

160. La Sainte Vierge.
161. Étude.

MIGNOT.

161 A. Fruits.

MONGODIN (VICTOR), né à Vire, département du Calvados, à Paris, rue Oudinot, 23.

162. Les Joueurs d'échecs.

MORGANT (EUGÈNE), à Guines (Pas-de-Calais).

163. Imitation d'un vitrail représentant, en buste, sainte Élisabeth de Hongrie.

MORIN, conservateur du musée de Rouen.

164. Les amateurs de médailles.
165. Le retour du marché.
166. Italie, XVIe. siècle. Pastel.

NOEL (JULES).

167. Les laveuses bretonnes. Mine de plomb.

OUDINOT (E.), **HARPIGNIES** (H.), membres de la Société française, rue du Regard, 12, à Paris.

168. L'Assomption de la Sainte Vierge.
Vitrail style XVIe. siècle.
169. *Virgo mater Dei.*
Vitrail style XIVe. siècle.

PARKER (J.-H.), d'Oxford.

Gravures sur bois faisant partie de son ouvrage sur l'architecture domestique du moyen-âge.

170. { Intérieur de la salle du trésor du collége de Merton (Oxford).
Boutiques à Shrewsbury. }

Cuisine de Stanton-Harcourt.
Maison à Caylus (Guienne).
Maison du grand-veneur, à Cordes.
Grange de l'abbé, à Pilton.
Partie de l'abbaye de Cluny.
Maison, à Bristol.
Cowdray house.
Compton Wyniate.
Château d'Hurstmonceux.
170 Restes du palais de Cahors.
Maison à Alby.
Porte d'Elton Hall.
Porte du collége de Jésus, à Cambridge.
Yanwath Hall.
Fontaine.
Église de Kildington.
Croix du cimetière d'Higham-Ferrers.
La maison des Juifs, à Lincoln.
Porte du collége de Crist-church, à Oxford.

PASQUIER (DU), architecte, membre de la Société française, à Lyon.

170 bis. Vitraux et fragments d'architecture de l'église de Brou (Collection de M. de Caumont).

PAYSANT.

170 A. Deux émaux.
170 B. Bouquets de fleurs, peints par Brunwer.

PELFRESNE, architecte, à Caen.

170 C. Eglise de St.-Ilan (Bretagne). Vue extérieure.
170 D. Vue intérieure.
170 E. Projet de porte d'entrée pour l'établissement.
170 F. Projet de cathédrale (esquisse). Plan général.
170 G. Élévation principale.
170 H. Fontaine sur une place d'église (esquisse). Élévation.
170 I. Travée du Panthéon de Rome.

170 J. Légende explicative d'un projet de cathédrale.
171 K. Système d'ornementation extérieure.

PERROT, architecte, à Paris.

171. Façade de l'église Ste.-Radégonde, à Missy-sur-Aisne.
172. Projet de tronc, style du XIIIe. siècle, pour la même église.

PETIT (Victor), membre de l'Institut des provinces, à Sens.

173. Collection de châteaux dessinés d'après nature et lithographiés. On distingue dans cette collection plusieurs châteaux empruntés à la *Statistique monumentale du Calvados*, par M. de Caumont, ouvrage dont M. Victor Petit a fait une partie des dessins sur bois, notamment les châteaux de St.-Agnan et de Sousmont.

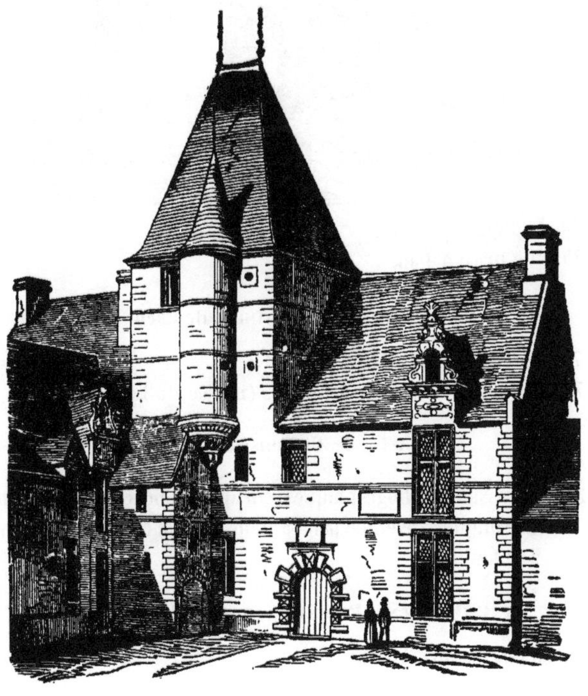

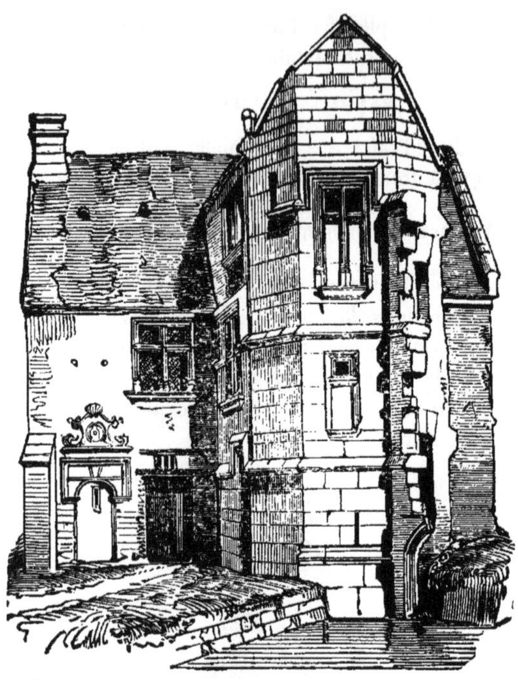

174. Vue des Pyrénées.
175. Vue prise à Pau.

PHILIPPE (LÉONTINE), de Caen.

176. Portrait de Mlle. J. de V.
177. Fuite de Loth, d'après Rubens (musée du Louvre).

PICOT, de Châlons-sur-Marne.

178. Impressions lithographiques sur papier bois, scié par une mécanique, inventée par l'auteur. Le pouce de bois fournit 270 feuilles.

PICOU (HENRI-PIERRE), rue de Fleurus, 27.

179. La chasse aux Amours.

PIGAULT (Mme.).

179 A. Portrait de M. de C., à Mme. la comtesse de Belfont.
179 B. — de M. C.
179 C. — de Mme. C.
179 D. — de Mme. Le P.
179 E. — de M. Lair.

PLANCHET.

179 F Portrait de l'auteur.
170 G. — d'un caporal du 62e. de ligne.

POUSSIN (PIERRE-CHARLES), 34, rue Lafayette, à Paris. Élève de M. Léon Cogniet.

180. Un tableau. La Forge.

QUESNEL, de Caen, élève de MM. Gros et Regnault.

181. Avènement de Napoléon à l'empire.

L'orage se dissipe, un ciel pur commence à luire sur la France, qui a remis aux mains de Louis-Napoléon le gouvernail de l'État, et qui le couronne et l'acclame empereur. A ses côtés, Minerve, la déesse de la sagesse, l'inspire dans ses actions; plus près, l'Innocence s'appuie sur la Force. La Religion heureuse implore les bénédictions du Ciel sur l'élu de la nation. La Renommée part, va annoncer au monde la grande nouvelle. A gauche du tableau et à l'ombre de la colonne, des jeunes filles dans la joie brûlent de l'encens et jettent des fleurs. L'Abondance, les Arts, les Sciences, sous la protection de Mercure, viennent enfin déposer leurs tributs.

182. Portrait de feu M. le curé d'Amblies.
183. Portrait de Mme. ***
184. Portraits de la famille de l'auteur (pastel).
185. Le bouquet champêtre.
186. Bouquet (étude au pastel).
187. Vue de l'abside St.-Pierre (pastel).
188. Étude de nature morte.

189. Les orphelins.
190. Portrait de l'auteur.
191. Petite aquarelle.

QUESNEL, de Coutances, élève de Paul Delaroche.

192. L'Immaculée-Conception de la Sainte Vierge.

RAVENEL (Jules).

194. Gibier de marais.
194 A. Etude de nature morte.
195. Un tableau de fruits.

RIANCOURT (comte de).

195 A. Aquarelle.
195 B. Paysage à l'huile.

RICHARD, d'Alençon.

195 C. Quatre eaux fortes.

ROCHER (Jules), à Paris.

196. Une vue de St -Sauveur-le-Vicomte. Mine de plomb.

ROSSY (Madame M.), Impasse Gohier, 2, à Caen.

197. Portrait de Madame J. R.
198. Portrait d'enfant.

RENAULT.

199. Incendie d'une filature à Louviers
199 A. Après l'incendie.

SCHMIDT, de Trèves, membre de la Société française pour la conservation des Monuments.

200. Tour de Francfort-sur-Mein.
201. Elévation projetée de la façade et de la tour du dôme de Regensburg.
202. Plan primitif des tours de la cathédrale de Cologne (collection de M. de Caumont).

SCHOBBEN (Mme. Amélie), à Caen , rue Basse, 22.

203. Paysage. Vue prise dans la forêt de Fontainebleau.
204. Aquarelle. Vue prise près Tournan (Seine-et-Marne).
205. Fleurs , peinture sur porcelaine. Genre Sèvres.

SORIEUL.

205 A. Le Passage du gué.

SOULLEZ (J.) , rue Ecuyère, 89, à Rouen.

205 B Un store.

SEVESTRE , rue de Geôle , 58.

205 B. Paysage, auteur inconnu.
205 C. Ciceri.

SOUPLET (Louis-Ulysse), rue Lafayette , 21 , à Paris, élève de M. Léon Cogniet.

206. Un tableau. La Fileuse.

TESNIÈRE (Victor-Théophile), propriétaire , rue des Carmélites , 4 , à Caen.

207. Vue du bassin de Courseulles , près Caen.
208. Vue prise à Honfleur (Calvados). (Petite dimension).
209. Vue du lavoir des Petits-Murs, à Caen.

THIOLLET , membre de la Société française, à Paris.

210. Fragments d'architecture tirés des murs gallo-romains de Sens , de Bourges et de quelques autres localités.

On peut juger , par ces débris trouvés depuis dix ans, de la richesse des monuments de la Gaule avant l'invasion des barbares au IVe. siècle. Une partie de ces fragments a paru dans le *Bulletin monumental*, publié à Caen , notamment les bains gallo-romains de Landunum, découverts par M. Coutant , membre de la Société française.

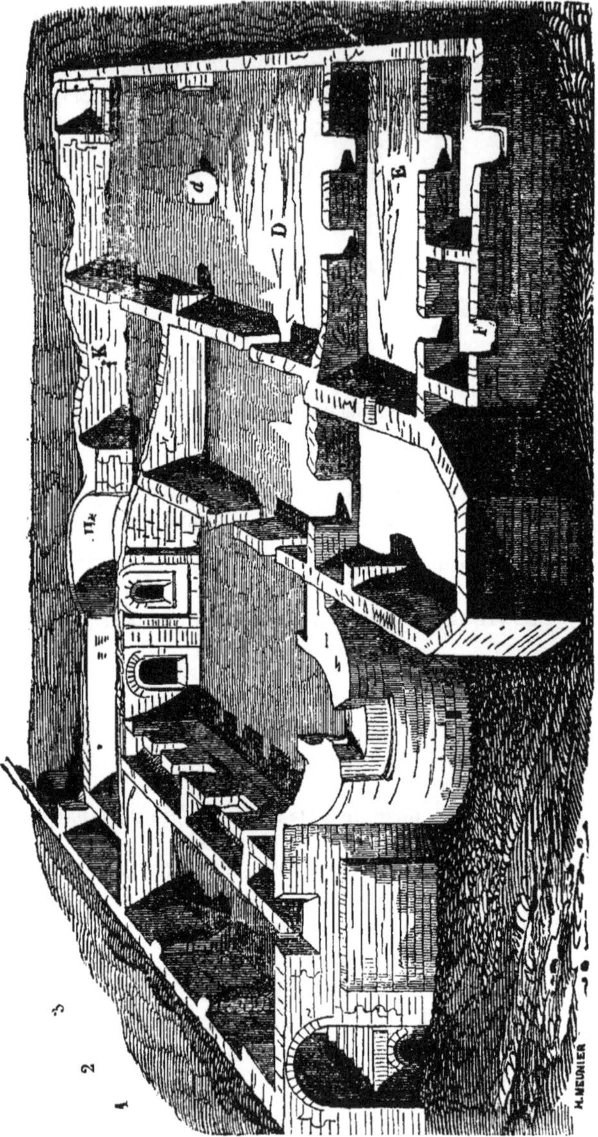

VUE DES BAINS ROMAINS DE LANDUNUM.

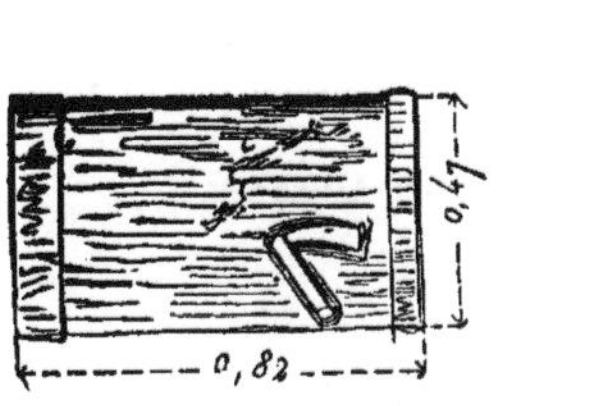

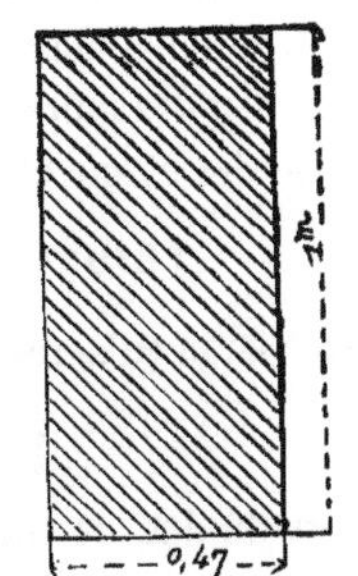

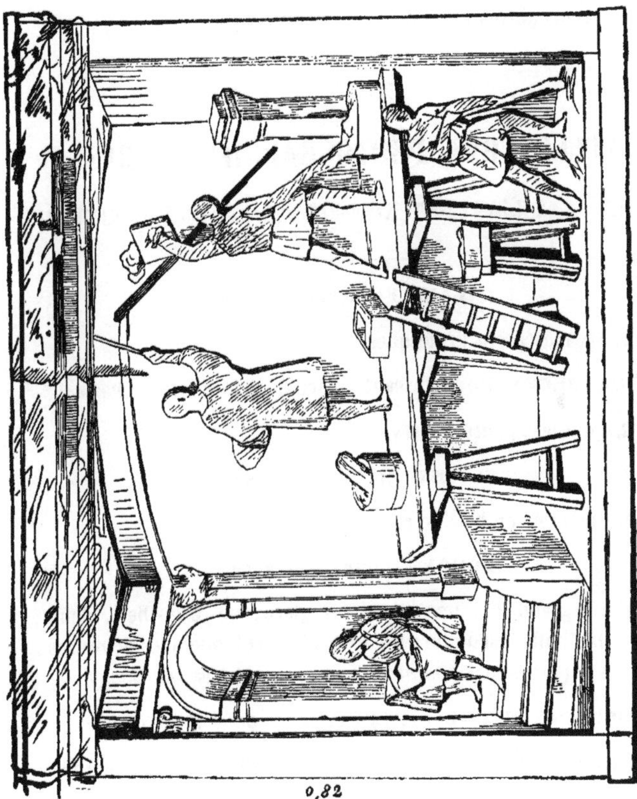

BAS-RELIEF ROMAIN REPRÉSENTANT L'ATELIER D'UN PEINTRE-DÉCORATEUR, TROUVÉ A SENS.

Plusieurs des sculptures gallo-romaines dessinées par M. Thiollet étaient peintes quand elles ont été trouvées au milieu des murs de défense dans lesquels elles avaient été placées et où elles ont pu se conserver jusqu'à nous.

THIONY AMANT (née Quesnel).

211. La Vierge (d'après Raphaël).

VAUTIER (Abel).

212. Mort du duc de Guise (gravure d'après le tableau de Paul Delaroche).
Deux autres gravures avant la lettre.

SCULPTURES, PHOTOGRAPHIES, LIVRES,

DENTELLES ET INDUSTRIES DIVERSES.

ALAIS (François), à Vire.

1. Six mascarons grotesques.

BARBEREY (P.), fabricant, place du Trône, 17, à Paris.

2. Poteries, genre Palissy.

BELFONT (Mme. la comtesse de).

3. Une table en bois de rose.

BOUGY (comte Olivier de).

4. Un grand lit, une armoire à glace, un prie-Dieu, deux fauteuils (sculpture du XVe. siècle) et quelques peintures sur porcelaines, *peintes et cuites* au château de Bougy.

BRIAND (Jean-Baptiste-Olivier), de la Maladrerie.

5. Cadran solaire horizontal. — Latitude 49° 11' 14", longitude

occidentale du méridien de Paris 2° 42'. — Au moyen de ce cadran, dont Caen est considéré comme premier méridien, l'on connaît le moment précis de midi pour tous les principaux lieux ou villes de la terre qui y sont indiqués, en même temps qu'il montre l'heure pour le lieu (Caen) où il doit être orienté.

CAUMONT (DE), directeur de l'Institut des provinces et de la Société française.

6. Fac-simile du bel encensoir roman (XIIe. siècle) de bronze, conservé dans le trésor de la cathédrale de Trèves et décrit par Mg^r^. Muller, évêque de Munster, dans le *Bulletin monumental*.
7. Fac-simile d'un coffret oriental conservé dans le trésor de la cathédrale de Troyes (Aube).

   Ce coffret en ivoire a été regardé par tous les connaisseurs, comme un objet d'un haut intérêt. Il est de tradition, à Troyes, qu'il a été apporté d'Orient à l'époque des croisades.
8. Deux chapiteaux romans en terre cuite de la fabrique Virbent de Toulouse.

   Cette fabrique reproduit par le moulage les plus beaux types de nos sculptures du moyen-âge (chapiteaux, autels, fonts baptismaux, etc.).
9. Réduction d'une statue de la Sainte-Vierge, composée et exécutée dans le style du XIIIe. siècle, par M. l'abbé de Wilmosky, chanoine de l'église cathédrale de Trèves, membre de l'Institut des provinces.
10. Pavage en carreaux émaillés de la fabrique de M. Millard, à Troyes, département de l'Aube.
11. Moulages de plusieurs tombeaux gallo-romains, tirés du musée d'antiquités de Saintes.
12. Moulages en plâtre de quelques modillons de l'église d'Ouville-la-Bien-Tournée, canton de St.-Pierre-sur-Dive, qui doit remonter à la première moitié du XIIIe. siècle.

La tête de chevreau peut donner une idée du mérite des autres modillons qui sortent d'une garniture de feuillages.

CAUVIGNY (DE).

13. Bronzes fondus sous Louis XV.
14. Le remouleur.
15. Vénus.
16. Vases de porcelaine du Japon.

DELIGAND, né à Sens (Yonne), membre de la Société française, à Paris, rue du Cherche-Midi, 72.

17. Portrait de M. M*** (buste en plâtre).

FORMIGNY DE LA LONDE (DE).

19. Christ sculpté en 1669 par François Girardon, sculpteur ordinaire du roi.

Cet artiste est né à Troyes, le 17 mars 1628, et est mort à Paris le 1er. septembre 1715. Ce morceau a fait partie de la galerie de François-Richard de La Londe, trisaïeul de M. de Formigny de La Londe, entre les mains duquel il se trouve aujourd'hui.

HAUCHECORNE, rue des Carmes, 94, à Rouen.

19 A. Grand bas-relief en chocolat, représentant le baptême de N.-S. J.-C. par saint Jean-Baptiste.

GUILLEMOT, sculpteur, rue du Moulin, 2, à Caen.

20. Deux Christ en ivoire sur la croix.

HERNOT (Yves), maçon, tailleur de pierre, à Plouaret (Côtes-du-Nord).

21. Une croix en pierre de granit.

HUREL, secrétaire-général de la Préfecture, à Caen.

22 Un meuble de la fin du XVIe. siècle.

LE HARIVEL DU ROCHER, membre de la Société française, à Chanu (Orne) et à Paris, rue du Cherche-Midi, 57.

25. La cène (bas-relief en plâtre).
26. Rêverie (statuette en marbre).
27. La sainte patronne de Paris (buste en bronze).

LEPETIT (l'Abbé), chanoine-doyen de Tilly, membre de l'Institut des provinces.

28. Chandelier de cierge pascal de l'église de Tilly-sur-Seulles, sculpté par Le Franc, à Honfleur, sur les dessins de M. G. Bouet.
29. Croix de procession et chandeliers d'acolytes de Tilly-sur-Seulles. (Poussielgue-Rusand, rue Cassette, 34, à Paris.)

LEROY (Arsène), de Caen, hameau de la Maladrerie.

30. Groupe de cadrans solaires pour mettre sur piédestal, composés de cadrans réguliers, déclinants sud et nord, équinoxial supérieur et inférieur, cylindriques creux et ronds, sphériques et en livre, avec une méridienne verticale du temps moyen.

La **SOCIÉTÉ FRANÇAISE** pour la conservation des monuments.

31. Moulages de deux des médaillons de la voûte de l'église de Ste.-Croix de Bordeaux, exécutés par M. Jabouin, sculpteur.

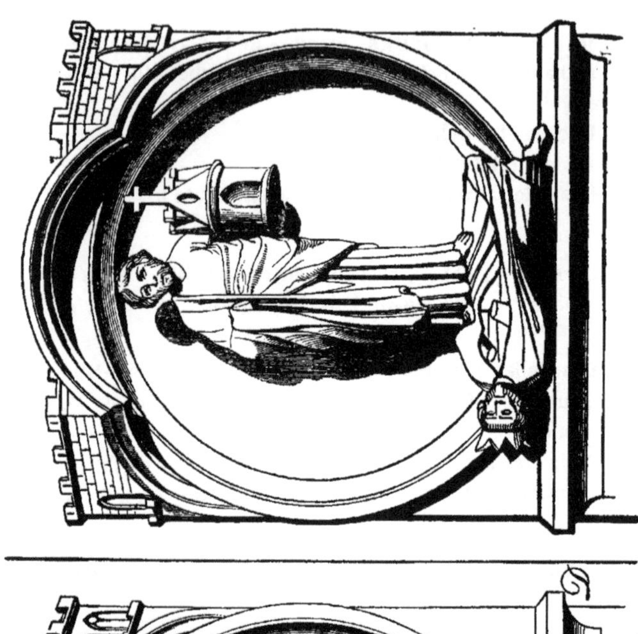

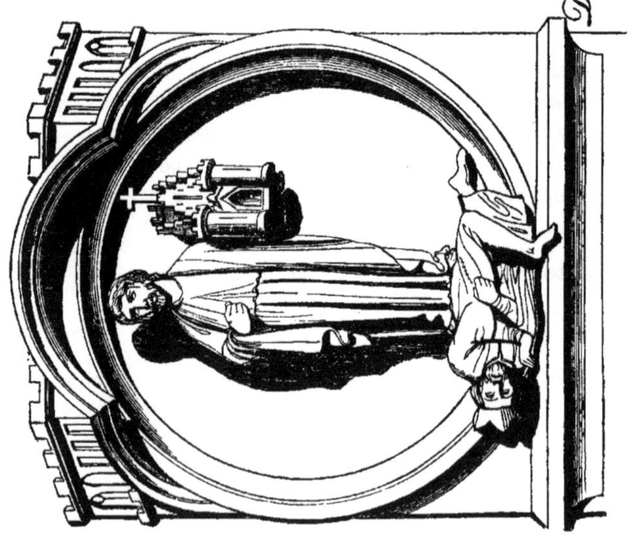

MÉDAILLONS DE L'ÉGLISE SAINTE-CROIX DE BORDEAUX.

32. Moulages de quelques moulures du cloître roman de St.-Aubin d'Angers, œuvre très-remarquable du XIIe. siècle.

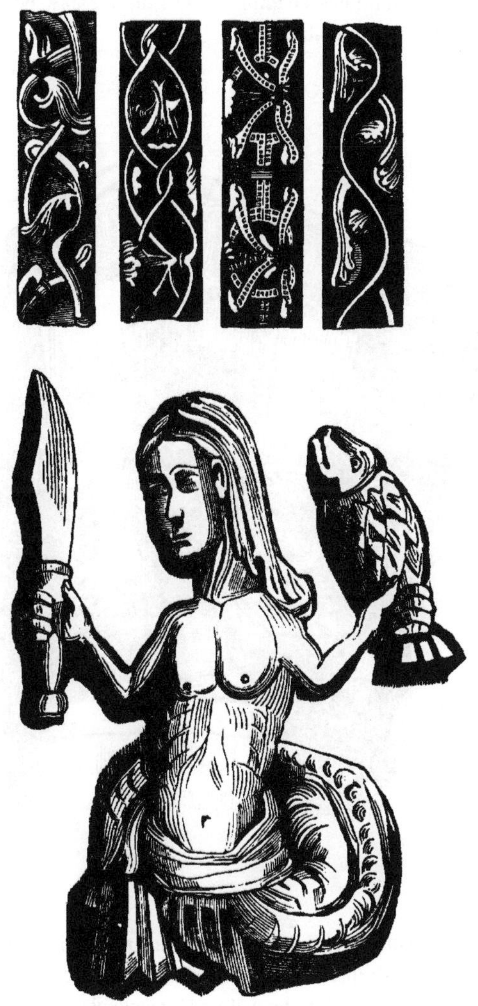

33. Tympan d'une des portes donnant sur le cloître St.-Aubin

d'Angers, représentant le combat de David contre le géant Goliath.

34. Moulage d'un des chapiteaux de l'intéressante église de Cunault (Maine-et-Loire).

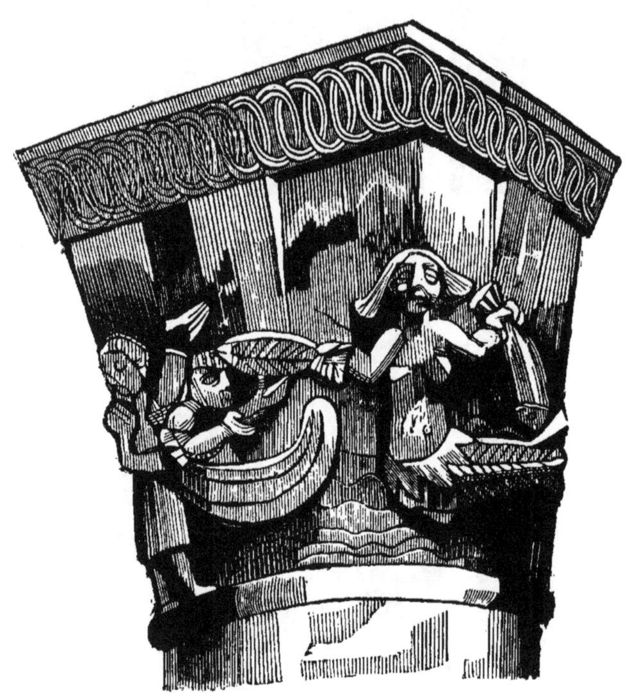

35. Chapiteau du XIe. siècle dans l'ancienne église de la Trinité d'Angers représentant le sacrifice d'Abraham.

36. Moulage d'un chapiteau du XIe. siècle dans l'église de St.-Eutrope de Saintes (Charente-Inférieure).

37. Moulages de quatre médaillons de la façade de l'église romane de Civray, département de la Vienne, représentant des anges jouant de divers instruments.

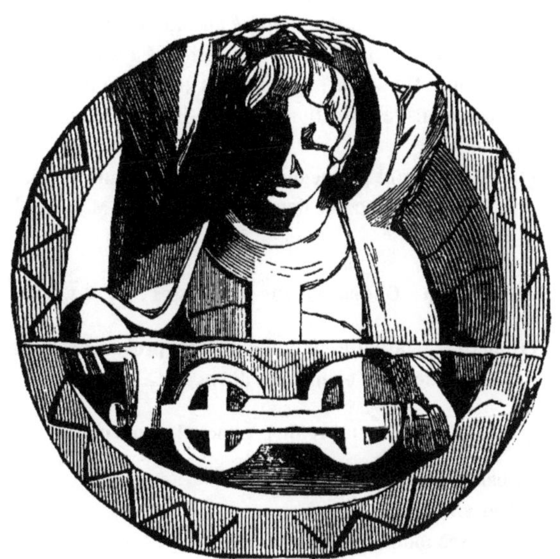

La SOCIÉTÉ ARCHÉOLOGIQUE DE MAYENCE.

Objets moulés en plâtre, par les soins de la Société du musée germanique, et représentant, avec une fidélité scrupuleuse, divers objets antiques, la plupart déposés au musée de Mayence.

39. Instrument en ardoise, trouvé dans un tombeau du voisinage de Oppenheim (grand duché de Hesse), déposé au musée de Mayence.

40. Celt en bronze, trouvé dans le voisinage de Mayence, en possession du conseiller d'État M. Thomsen, à Copenhague.

41. Fibule ronde en cuivre, avec mise en or, en argent, en ivoire et en verre coloré, trouvée à Oberolm, près

Mayence, dans un tombeau mérovingien, déposée au musée de Mayence.

42. Couteau en fer, le manche orné d'une incrustation de verre coloré, trouvé à Selzen, près Mayence, dans un tombeau du temps mérovingien, déposé au musée de Mayence.

43. Umbo d'un bouclier, en bronze, trouvé à Klein-Hesebeck, intendance Medingen, près Hülzen (royaume de Hannovre), déposée dans la collection de M. le baron d'Estorff, à Hannovre.

44. Fibule en argent, avec dorures, trouvée dans le voisinage de Wiesbade, déposée dans la collection de M. Lugenbühl, à Wiesbade.

LE CAMUS (Georges), rue aux Lisses, 5, à Caen.

45. Prométhée, statuette en fonte douce, provenant de l'Ecole impériale des arts et métiers d'Angers.

MAINFROY, membre de l'Association normande.

46. Un bahut de 1619, en chêne.
47. Coffres en ébène.
48. Deux vases montés en cuivre.

NIARD, sculpteur, rue Ecuyère, n°. 9, à Caen.

49. Une tête de Christ en plâtre (composition).
50. Un bénitier renaissance, surmonté de la religion (composition d°. en plâtre).
51. Un projet de tympan pour une place forte (composition d°. en plâtre).

PAULMIER (Charles).

52. Modele du navire *Le Marseillais.*

AUTIN, de Caen.

53. Diverses photographies.

BACOT (EDMOND), de Caen.

54. Tour de l'église St.-Ouen, Rouen.
55. Tours de la cathédrale, Rouen.
56. Fragment du portail de la cathédrale, Rouen.
57. Fragment de l'abside de l'église St.-Pierre, Caen.
58. Vue prise rue des Sables, Caen.
59. Portrait de M. G****
60. — de Mme. ****
61. Épreuves daguerréennes. Cinq vues prises en Piémont.

BAYARD, sous-chef au ministère des Finances.

62. Trois photographies.

BRÉBISSON (ALPHONSE DE).

63. Chardon (collodine).
64. Bords de la Dive (albumine).
65. Un pont sur la Dive (albumine).

LE NOURICHEL.

66. Quatre portraits photographiques.

SAMSON (L.), photographe, peintre, ancien élève de l'école des Beaux-Arts, 34, rue Notre-Dame-des-Champs, à Paris.

67. Quatre vitraux photographiques, dont deux coloriés et deux noirs.

VILLENEUVE, libraire, à Caen.

68. Le vieux St.-Etienne (2 fois).
69. L'Abbaye-aux-Hommes (petit et grand format).
70. La façade de l'Abbaye-aux-Dames.
71. Une vue de St.-Pierre.
72. L'abside de St.-Pierre.
73. Un effet de neige (vue de Montaigu), au haut du grand Cours.
74. Un négatif sur verre. Vue de St.-Pierre.

BITTERLIN (Mme. veuve) (née Lemonnier), artiste en cheveux, 1re. élève de M. Lemonnier (de Paris), rues St.-Étienne et Notre-Dame, 120, à Caen.

75 Tableau représentant un monument funèbre.
Tableau représentant un trophée de boucles.
Tableau : saules, palmier, sur un mausolée.
Couronne avec deux chiffres à plumes au milieu.
Deux chiffres avec une guirlande autour.
Un bouquet assorti de diverses plantes.
Un cadre renfermant onze genres différents.

BARBREL, à Alençon.

76. Huit pièces de dentelles et trois cols.

BERJOT, jeune, pharmacien à Caen.

77. Machine à eau de seltz de son système, fabriquant 800 bouteilles par jour.

77 A. Sonnettes électriques.

CHOUTEAU-JOUAN, miroitier-doreur.

78. Un cadre rocaille, toile de 25.
Un cadre fantaisie.
Un petit cadre, tout pâte.
Un cadre ovale (fait par le déposant).
Un cadre ovale, moulure unie, doré.
Un Christ, double peint.

DESMARAIS, fabricant, rue Ecuyère, 1

79. Une vaste jardinière rustique avec paysage et guirlande de fleurs.

GANNEL, armateur, à Honfleur.

80. Guéridon mosaïque fait avec cinquante sortes de bois et près de vingt mille morceaux.

GERVAIS (ÉMILE), de Caen.

81. Différents modèles de machines à vapeur et moteurs électriques.

GILLAIN (C.), rue St.-Jean, 92, à Caen.

82 (Lavarento) Nappe de table, rapportée de Pernambuco (Brésil).

83. Insectes rapportés de Pernambuco (Brésil).

GUERCHEVILLE (DE), à Caen.

84 Un Yatagan.

HÉBERT-PREZET, tonnelier à Dozulé.

85. Un tonneau contenant trois espèces de liqueurs, passant par la même bonde, et sans aucun mélange, sortant à volonté par la même cannelle.

Une fontaine avec sa cuvette.

Nouveau système pour placer sa cannelle, afin d'éviter le rejet de l'eau hors la cuvette, en se nettoyant les mains.

Un petit baril ovale, contenant trois espèces de liqueurs.

Ce petit baril est destiné pour l'utilité de la chasse.

Un petit fût, nouveau système de bobèche, par un simple conduit.

Ce fût est destiné pour les moissonneurs.

Petit broc pour table.

HÉRISSEY (A.), imprimeur typographe et lithographe, à Évreux (Eure).

86. *Études sur la condition de la classe agricole et l'état de l'agriculture en Normandie au moyen-âge.* 1 vol. in-8°.

Composition de textes latins et français de diverses époques. — Notes chargées de chiffres et d'abréviations.

Poussin et son monument. In-8°.

Les *Œvvres poétiqves de Vavqvelin des Yveteavx.* 1 vol. in-8°.

Titre et faux-titre tirés en rouge et noir. — Orthographe du XVIIe. siècle. — Tirage sur papier de Hollande.

Catalogue de libraire.

LECAUDEY-LAMER.

87. Douze cierges de différents modèles.

LEGOST-CLÉRISSE, libraire, à Caen.

88. Montre contenant des livres rares en écriture gothique.

M. LEROUX, doreur à Caen, rue Ecuyère, n°. 38.

89. Différents cadres provenant de ses ateliers.

Les **RELIGIEUSES DE LA CHARITÉ**.

90. Devant d'autel exposé par le couvent de la Charité et brodé par les anciennes religieuses de la maison, de 1750 à 1760.

MARGUERIE (F.), de Caen.

91. Glace Louis XIII, restaurée à neuf par M. Auguste Pommereuil, artiste, rue St.-Pierre, n°. 20, à Caen.

MARIE, papetier, fabricant de registres à Caen, rue Notre-Dame, 121.

92. Deux registres (reliure à dos métallique), un journal et un grand livre.

MÉNAGER, passementier, rue Froide, à Caen.

93. Collection d'objets de passementerie.

PARKER, d'Oxford.

94. Plusieurs ouvrages édités par lui.

POISSON, imprimeur, à Caen.

95. Echantillons de reliure.
96. Clichés exécutés dans sa stéréotypie.
97. Spécimens d'impression.

REVERDY, chapelier, à Caen.

98. Matières premières et toutes les préparations qu'il faut pour établir un chapeau de soie noir et un castor.
Chapeaux de soie et de feutre depuis 4 fr. jusqu'à 13 fr.
Petits modèles de chapeaux, l'un pour préfet et l'autre pour général.

ROUXEL-LEDAIN, rue Motte-Farblet, 3, à Rennes.

99. Deux chasubles, l'une en or, brodée en or; — l'autre en soie, brodée en soie; — une étole en argent, brodée en or.

ROYER, bijoutier à Caen, rue St.-Jean, 26.

100. Horloge électrique.

ROUXEL, de Rennes.

101. Nouvelle méthode d'écriture (plusieurs cahiers).

SEVESTRE, rue de Geôle, 58.

102. Bas d'aube en point de Venise.

VALETTE.

103. Une pointe de dentelle.

BOURSIER, doreur-miroitier, rue Notre-Dame, 46, à Caen.

104. Une glace ovale, encadrement en pâte, doré, très-riche, style Louis XIV.
105. Une glace avec parquet, sculpture ancienne, style Louis XV, redoré et réparé entièrement.
106. Une glace à biseaux et perlée, encadrement riche, genre renaissance.
107. Un cadre doré avec incrustations, avec deux bouts d'échantillons, profil richement orné.
108. Un cadre doré, genre anglais, avec passe-partout.
109. Cinq cadres de différentes dimensions en blanc, ornementés pour tableaux.

110. Une carte de bouts d'échantillons en blanc.

111. Une montre renfermant sept cadres pour miniature.

111 A. Un vieux cadre ovale sculpté, commencé de restauration de dorure.

111 B. Un cadre imitation ébène, fait sur composition avec bandes dorées genre anglais

DE CAUMONT.

112. Lutrin du XVIe. siècle portant de magnifiques reliures anglaises en cuir de Russie.

DURÉCU, inspecteur divisionnaire de l'Association normande.

113. Un cadre contenant un ornement d'église.

114. Un miroir de Venise avec ornements d'argent au repoussé.

LE CAMUS (Georges), rue aux Lisses, 5, à Caen.

115. Serrure fabriquée par Louis XVI.

116. Coffret-pupitre (ancien) en bois de noyer, avec armoiries, chiffres et ornements incrustés en ivoire.

SANSREFUS, marchand de meubles, rue Froide, à Caen.

117. Glaces, fauteuils, une bibliothèque, une table.

SEIGNEURIE (Gabriel), marchand bimbelotier, à Caen.

118. Un kiosque, une table en coquilles, un groupe de jardinières.

TAHAN, fournisseur de l'Empereur, rue Basse-du-Rempart, 10, et rue de la Paix, 34, à Paris.

119. Étagère sur pieds. — Bois de rose. — Marqueterie. — Bois découpé.

120. Jardinière bois de rose. — Mosaïque de bois.

121. Boîte à bijoux de forme cintrée. — Marqueterie boule-écaille, doublée velours.

TRÉHARDY (P.), fabricant de meubles, rue Pailleuse, 9.

122. Une commode fantaisie, acajou moucheté.

123. Une table de salon.

MOUSSAINT, tourneur, à Caen.

124. Des colonnes torses.

MOSSELMAN.

125. Dix échantillons de minerais de cuivre et de plomb, provenant de la Meauffe (Manche). L'un des morceaux pèse 20 kil. Échantillons de chaux et de marbre de Bahais.

PIERRE (J.-Isidore), rue aux Juifs-St.-Julien, Caen.

126. Échantillons de tangues pris sur différents points du littoral de la Manche, depuis St.-Malo jusqu'à l'embouchure de l'Orne, avec indication de leur composition.

127. Échantillons de fourrages, graines diverses, etc., avec l'indication de leur richesse en matière azotée. Plusieurs flacons d'albumine.

TESSON.

128. Débris fossiles d'animaux marins trouvés dans le Calvados, faisant partie de la collection de M. Tesson.
Tête presque entière de *Teleosaurus temporalis* (Blain.) des argiles du lias supérieur d'Amayé-sur-Orne, à 3 lieues de Caen.
Arrière-crâne du *Teleosaurus superciliosus* (Blain.) des argiles oxfordiennes de Dives.
Partie de mâchoire inférieure de *Teleosaurus superciliosus* (Blainville) des argiles de Dives aux Vaches-Noires.
Vertèbre sacrée avec son apophyse transverse du *Teleosaurus superciliosus* (Blain.) de la même localité.
Dent du même animal.
Dent pouvant appartenir au *Pœkilopleuron*, trouvée isolée dans le calcaire de Caen.

128. Tête, colonne vertébrale et nageoire antérieure d'*Ichthyosaurus*. Strates calcaires de Lacaine, à 5 lieues de Caen.
Tête d'*Ichthyosaurus*. Curcy.
Leptolepis elvensis (Quenstedt, *Poissons fossiles*). Strates calcaires de Curcy.
Leptolepis Bronnii (Agass). Strates calcaires de Curcy.
Dapedium politum (de la Bèche). Strates calcaires de Curcy.
Leptacanthus longissimus (Agass). Calcaire de Caen.
Pristacanthus securis (Agass). Calcaire de Caen.
Asteracanthus ornatissimus (Agass). Calcaire de Caen.
Orthoceras. Calcaire charbonneux de transition de Feuguerolles.
Ammonites Humphriesianus (Sow.). Oolithe inférieure. Les Moutiers.
Hippopodium Bajocense (d'Orbigny). Oolithe inférieure. Les Moutiers.
Astacus longimanus (Sow.) Terrain crayeux. Honfleur.

VAUTIER (ABEL)

129. Collection de fossiles.

ARBIZET, de Paris.

130. Poterie. Imitation de Bernard de Palissy.

LE FRANC, menuisier, à Caen.

131. Coffret.

LECHEVALIER, peintre, à Caen.

132. Deux fauteuils.

HUARD, à Caen.

133. Cartonnages.

FRANCIS, à Caen.

134. Fausses fleurs.

THIERRY, à Caen.

135. Fausses fleurs.

MÉRIEL, à Caen.

136. Deux pianos, un orgue.

CORDIER, à Caen.

137. Deux pianos fabriqués par lui.

BELLANGER, à Caen.

138. Un piano.

LE FLAGUAIS frères, à Caen.

139. Papiers peints.

DU MONCEL (le vicomte), à Caen.

140. Télégraphe électrique.

COMPTÉ-NÉRAT, à Caen.

141. Fontaines, potiches, statues et statuettes. Tuyaux de drainage.

GUÉRIN, à Caen.

142. Échantillons de bois.

GRENET, à Rouen.

143. Colles et gélatines.

BARBULÉE, à Caen.

144. Presse à rogner.
144 A. Un escalier mobile.

PAGNY (AD.), fabricant de dentelles, à Bayeux.

145. Dentelles de sa fabrication.

Les **RELIGIEUSES DE LA POTERIE**, à Bayeux.

146. Blouses avec broderies.

HOTIN, sculpteur, à Bayeux.

148. Sculptures.

FAUQUE (C.), vérificateur des poids et mesures, à Caen.

149. Reproductions électro-métallurgiques. Deux tableaux et une montre.

BOURIENNE, docteur-médecin, à Caen.

150. Bahut orné de sculptures.
151. Meuble à colonnes, orné de sculptures.

BEAUNIER, fabricant de meubles, à Caen.

152. Deux bahuts ornés de moulures (chêne), une commode en marqueterie.

TONNET, préfet du Calvados.

153. Deux commodes, style Louis XV, ornées de cuivres.

MONIN, propriétaire, à Caen.

154. Échantillons de marbres ; stucs et moulages.

LECHESNE, à Caen, rue St.-Martin.

155 Vierge en bois doré.

GOURDEL, sculpteur, à Rennes.

156. Buste de l'artiste Hoffman.
157. Bas-relief. L'arrestation du Sauveur du monde.
158. Groupe de buveurs bretons.
159. La lecture de la lettre.

160. Chiffonnière.
161. Maçon.
162. Joueur de bignou.
163. L'improvisateur.
164. Moine en contemplation.

AUMONT (l'abbé).

165. Scupture en pierre de jade.
166. Christ en ivoire.

JUHEL, à la Maladrerie, près Caen.

168. Un tableau de boutons ornementés en corne et en os, de sa fabrique.

CRÉTAL (Aug.) et **GAILLARD** (E.), à Rennes.

169. Montre contenant des pipes ornementées de terre.

CRONIER père et fils, au Val-d'Eauplet, 49, à Rouen.

170. Manufacture de toiles gauffrées pour reliure et cartonnage.

GARAT, à Caen.

171. Balances-bascules.

PAUTONNIER père et fils, lampistes, rue de l'Hôtel-Dieu, n°. 1, à Caen.

172. Lustre, style Louis XV (18 lumières).

LONGUEVILLE et **MAIGNAN**, de St.-Brieuc.

173. Quatre fragments de sculpture moyen-âge.

BOSQUAIN, rue aux Lisses, 33.

174. Un Christ.

DOUIN (Ed.), statuaire, directeur de l'École de sculpture de Séez.

175. Deux sculptures appartenant au Bon-Sauveur de Caen.

BIGARDE DE LA LONDE.

176. Un Echiquier.

FRÉRET (Victor), à Fécamp (Seine Inférieure).

177. Découpures sur bois.

SUPPLÉMENT.

PEINTURE.

ACHARD.

213. Trois cadres contenant des dessins d'ornement à la plume.

JULIEN.

214. Portrait de Mme. B.

MONIN.

215. Portrait d'enfant.

HELLOUIN.

216. Nature morte.
217. id.
218. Cheval à l'écurie.
219. Paysage, effet de matin.
220. Nature morte, perdrix et bécassine.

ROSSY (Mme.)

221. Portrait d'enfant.

PENCHET-BELLEROSE, de Bayeux.

222. Caserne de Bayeux.

BISSON frères, de Paris.

223. Cinq photographies.

SALLE SUPPLÉMENTAIRE.

ANCIEN HOTEL DES BUREAUX DE LA PRÉFECTURE.

L'entrée de la galerie est à gauche sous la grande porte.

Corridor au rez-de-chaussée.

Le corridor conduisant à l'escalier offre des tombeaux par MM.

L'escalier conduit à la salle du musée de la Société française pour la conservation des monuments.

Le lambris du plancher de la salle est cintré, garni de bardeaux de chêne, comme ceux de beaucoup d'églises des arrondissements de Lisieux et de Pont-l'Évêque. Ce lambris a été peint, sous la direction de M. de Caumont, par M. Lavinay, rue des Carmes, à Caen, aux frais de la *Société pour la conservation des monuments*, et on a reproduit un des dessins qui se trouvent sur les lambris de nos églises du XVIe. siècle, et dont a parlé M. R. Bordeaux dans son ouvrage sur l'ameublement des églises.

La Société française, qui a fait décorer cette salle, l'a obtenue, pour son musée particulier, de M. le Préfet du Calvados, M. Tonnet, homme de goût et qui donne une excellente impulsion à toutes les bonnes choses dans ce département.

Les moulages des portes de Florence qui tapissent le fond de cette salle reproduisent les magnifiques portes en bronze du baptistère de cette ville, qui remontent au XVIe. siècle.

Ces moulages ont été obtenus du gouvernement par M. Tonnet.

Toutes les personnes qui auront visité l'exposition artistique seront admises à visiter la salle supplémentaire.

FÊTES AGRICOLES,

ARTISTIQUES ET INDUSTRIELLES

DE L'ASSOCIATION NORMANDE,

A CAEN ET A BAYEUX,

Les 5, 6, 7 et 8 Juillet.

Le Congrès agricole, industriel et artistique de l'Association normande aura lieu, cette année, dans la ville de Caen, et s'ouvrira, le 4 juillet, dans les salles de l'Hôtel-de-Ville.

Des questions très-intéressantes seront discutées le 4 et le 5.

Le 5, aura lieu, à 2 heures, l'entrée solennelle et la mise en mouvement des machines agricoles sur la place Royale; les machines partiront de l'abattoir; elles seront précédées des bannières des Sociétés d'agriculture des cinq départements de la Normandie.

La machine à battre de M. Lotz, de Nantes, sera traînée par six petits bœufs bretons. Plusieurs autres chars, traînés par des chevaux, porteront les autres instruments aratoires, notamment les nombreuses machines que M. Mosselman doit envoyer au concours de l'Association et les ingénieuses machines de M. Le Docte.

Un banquet sera offert à l'agriculture, à l'industrie et aux arts, dans la vieille église St.-Étienne (1).

(1) Les exposants qui voudront souscrire au banquet pourront

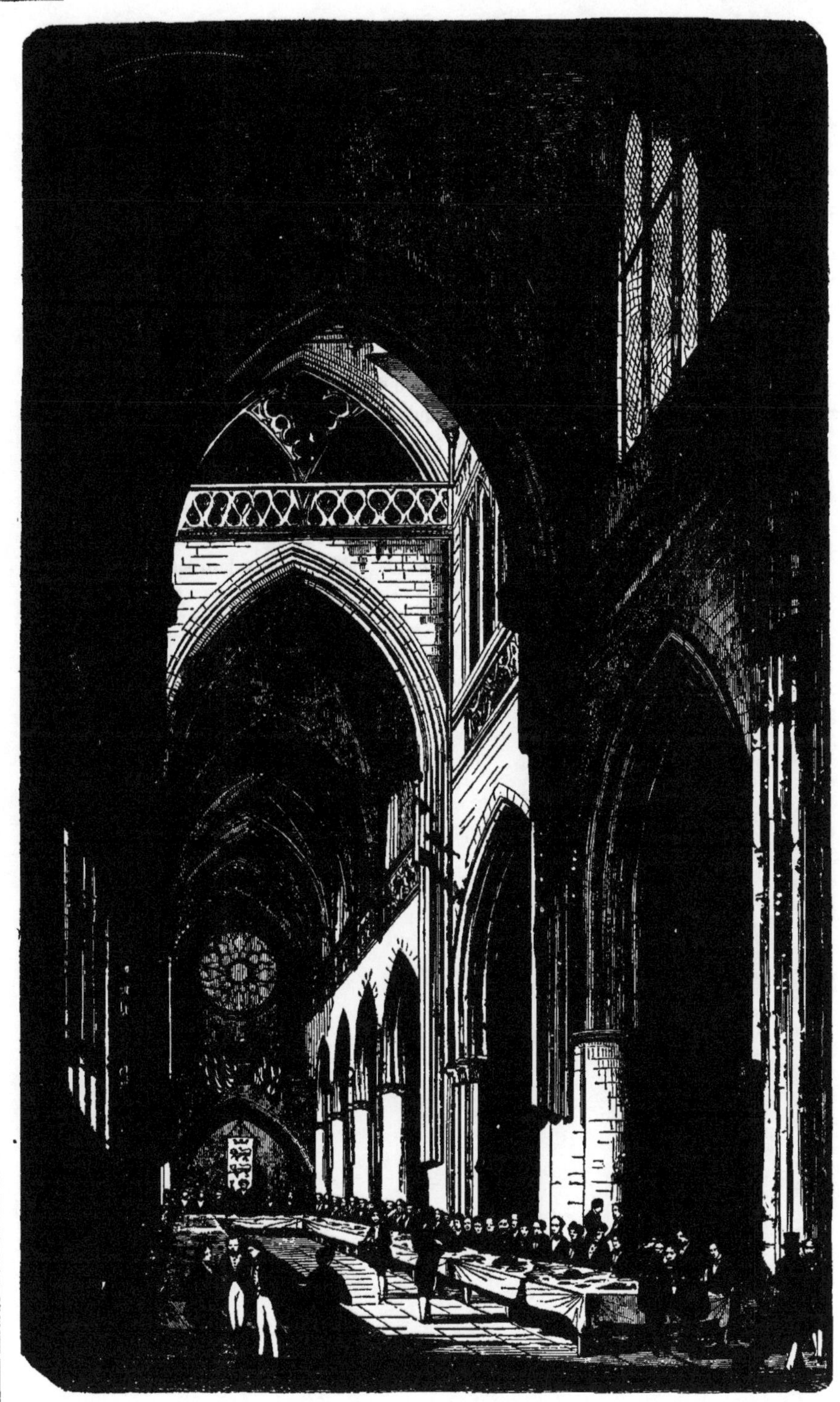

BANQUET DE L'AGRICULTURE, DE L'INDUSTRIE ET DES ARTS,
à Caen, le 5 juillet 1855,
DANS LA VIEILLE ÉGLISE DE SAINT-ÉTIENNE.

Le 6, on visitera, à 8 kilomètres de Caen, le magnifique établissement d'acclimatation de M. Le Prestre, dont le parc est peuplé d'un assez grand nombre de quadrupèdes et de plus de 500 palmipèdes exotiques; le soir, M. le vicomte Du Moncel fera des expériences sur la lumière électrique.

Le 7, aura lieu, à Bayeux, le grand concours provincial de bestiaux pour lequel M. le Ministre de l'agriculture a bien voulu accorder à l'Association normande une subvention de 4,500 fr. On arrivera à Bayeux, à neuf heures du matin, et on reviendra le soir à Caen. Les amis des arts verront avec intérêt, à Bayeux, la tapisserie de la reine Mathilde, monument unique du XIe. siècle, et la cathédrale, un des plus beaux édifices religieux de la France.

Le 8, aura lieu la distribution des médailles aux lauréats de l'Exposition artistique, à Caen

s'adresser à MM. Mainfroy et Le Vavasseur, secrétaires du jury, et à MM. les commissaires de l'exposition.

Caen, typ. de A. Hardel.

EXTRAIT

DU CATALOGUE DE LA LIBRAIRIE DE A. HARDEL,

IMPRIMEUR-LIBRAIRE, RUE FROIDE, 2,

A CAEN.

ABÉCÉDAIRE OU RUDIMENT D'ARCHÉOLOGIE (architecture religieuse), par M. de Caumont, fondateur des Congrès scientifiques de France. 1 vol. in-8°. orné de près de 600 vignettes. Prix : 7 fr. 50.

ABÉCÉDAIRE OU RUDIMENT D'ARCHÉOLOGIE (architectures civile et militaire), par le Même. 1 vol. in-8°. orné d'un grand nombre de vignettes. Prix : 7 fr. 50.

COURS D'ANTIQUITÉS MONUMENTALES, par le Même, 6 volumes in-8°. et atlas; chaque volume se vend séparément avec un atlas. Prix : 12 fr.

BULLETIN MONUMENTAL ou collection de mémoires et de renseignements pour servir à la confection d'une statistique des monuments de la France, classés chronologiquement, par M. de Caumont. 1re. série, 10 vol. in-8°.; 2e. série, 10 vol. in-8°. ornés d'un grand nombre de planches, ont paru. Prix de chacun : 12 fr. On fait une remise à celui qui prend une série entière.

STATISTIQUE MONUMENTALE DU CALVADOS, par M. de Caumont. In-8°. avec planches et un grand nombre de vignettes. Deux volumes ont paru. Prix de chacun : 10 fr.

PRINCIPES D'ARCHÉOLOGIE PRATIQUE, appliqués à l'Entretien, la Décoration et l'Ameublement des Églises; par M. Raymond Bordeaux, membre de l'Institut des provinces. Un vol. in-8°. Prix : 6 fr.

FLORE DE LA NORMANDIE, par M. de Brébisson, membre de plusieurs Sociétés savantes. — Phanérogamie. 1 volume in-12, nouvelle édition. Prix : 6 fr.

ANTIQUITÉS DE LA VILLE DE CAEN, par M. de Bras, 1 gros vol. in-8°. sur raisin. Prix : 10 fr.

CAEN. PRÉCIS DE SON HISTOIRE, SES MONUMENTS, SON COMMERCE ET SES ENVIRONS; par M. G.-S. Trébutien. Seconde édition, revue et considérablement augmentée. Prix : 1 fr. 50 c.

GUIDE DES BAIGNEURS, à Trouville et aux environs. Prix, 1 fr. 50 c.